Sprachkurs Deutsch

Deutsch Neufassung 2

Unterrichtswerk für Erwachsene

von Ulrich Häussermann, Georg Dietrich,
Christiane C. Günther, Diethelm Kaminski,
Ulrike Woods, Hugo Zenkner

unter Mitarbeit
von Hans-Heinrich Wängler

Allgemeinsprachlicher Kurs
Im fakultativen Teil vier Schwerpunkte Wirtschaftsdeutsch

Verlag Moritz Diesterweg
Österreichischer Bundesverlag
Verlag Sauerländer

Bild auf dem Bucheinband: „Duisburger Hafen" (1914) von August Macke.
Macke (geboren 1887, gefallen im Ersten Weltkrieg 1914) ist der Poet unter den modernen deutschen Malern. Er sucht nicht so sehr das intellektuelle Programm. Er sucht und schafft Licht, Farbe, Klang. Sein Ziel ist, die Dinge hell und transparent zu machen – er nennt das: zu „durchfreuen".
Unser Bild zeigt Hafen-Atmosphäre: Technik, Rauch, Ferne. In der Mitte der Mensch, ruhend. Ein Bild der Hoffnung.

Titelabbildung: August Macke, „Hafen von Duisburg", 1914 (Öl auf Leinwand, Stiftung Othmar Huber, Kunstmuseum Bern)

Die Illustrationen schuf Uli Olschewski, München. Die von Hans-Heinrich Wängler entwickelten graphischen Darstellungen der Sprachlaute gehen auf Röntgenaufnahmen zurück.

CIP-Titelaufnahme der Deutschen Bibliothek

Sprachkurs Deutsch – Unterrichtswerk für Erwachsene ;
allgemeinsprachlicher Kurs ; im fakultativen Teil 4
Schwerpunkte Wirtschaftsdeutsch / von Ulrich Häussermann ...
– Neufassung. – Frankfurt am Main : Diesterweg ;
Wien : Österr. Bundesverl. ; Aarau : Sauerländer.

Neufassung
2.
  [Hauptbd.]. – 1. Aufl. – 1990
  ISBN 3-425-05902-5 (Diesterweg)
  ISBN 3-215-07370-6 (Österr. Bundesverl.)
  ISBN 3-7941-3215-7 (Sauerländer)

	Bestellnummer	ISBN
Diesterweg	5902	3-425-05902-5
Österr. Bundesverlag	07370	3-215-07370-6
Sauerländer	5902	3-7941-3215-7

1. Auflage 1990
© 1990 Verlag Moritz Diesterweg GmbH & Co., Frankfurt am Main/Österreichischer Bundesverlag Ges.m.b.H., Wien/Verlag Sauerländer AG, Aarau.

Gesamtherstellung: Universitätsdruckerei H. Stürtz AG, Würzburg

Dieses Lehrbuch ist zugleich Arbeitsbuch!

Zu allen Bildgeschichten gibt es Farbdiapositive. Aus vielen Gründen bitten wir die Lehrer dringend, diese Dias auch wirklich zu benutzen.

⊙⊙ bedeutet: Diesen Text finden Sie auch auf Cassette.

Sprachkurs Deutsch 1 und *2* zusammen enthalten das Pensum einer normalen Anfängerstufe (zusammen 180–200 Unterrichtseinheiten, im Extensivkurs 150 Unterrichtseinheiten). Das vom Goethe-Institut erarbeitete Grundstufen-Curriculum wurde überall berücksichtigt.
Solange *Sprachkurs Deutsch 3 Neufassung* nicht erschienen ist, benützen Sie bitte die alte Fassung und steigen Sie dort unmittelbar mit Kapitel 1 ein.

Weitere Materialien zu *Sprachkurs Deutsch 1 und 2 Neufassung:*

Sprachkurs Deutsch 1 Neufassung		Sprachkurs Deutsch 2 Neufassung	
Lehrbuch	MD 5901	Lehrbuch	MD 5902
Diaserie	MD 6124	Diaserie	MD 6125
4 Cassetten	MD 5941	3 Cassetten	MD 5942
Lehrerheft	MD 5951	Lehrerheft	MD 5952
Glossare: Englisch	MD 5911	Glossare: Englisch	MD 5921
Französisch	MD 5912	Französisch	MD 5922
Griechisch	MD 5913	Griechisch	MD 5923
Italienisch	MD 5914	Italienisch	MD 5924
Spanisch	MD 5915	Spanisch	MD 5925
Türkisch	MD 5916	Türkisch	MD 5926
Arabisch	MD 5917	Arabisch	MD 5927
Russisch	MD 5918	Russisch	MD 5928
Japanisch	MD 5919	Japanisch	MD 5929
Polnisch	MD 5920	Polnisch	MD 5930

Begleitmaterial für die Grundstufe und Mittelstufe:
Grundgrammatik Deutsch   MD 6100

Inhalt

Kapitel 1

Kernprogramm

1

2

3

4

1 ⊙⊙
Bild-
geschichte N

STRAND

1 Ein alter Fischer steht am Ufer. Der Sturm stört ihn nicht. Stehen und
   Warten sind sein Beruf.

2 Der Sturm ist vorbei. Goldbraune Kinder sitzen und spielen im Sand.

3 So weiß können nur Städter sein. Sie liegen in der Sonne und wollen
   auch braun werden. Haben sie keine Kleider, die Armen?

4 Bitte – hier in der Boutique hängen hübsche Sommerkleider, gar nicht
   teuer.

2
Kombination

Fischerboote		
Der Leuchtturm	stehen	am Nagel.
Kinder	steht	in der Mittagssonne.
Die Seemannsmütze	hängt	hinter der Bar.
Die Bardame	sitzen	am Kai.
Alte Laternen	liegen	

3
Studie

a Das Hamburger Abendblatt? Dort auf deinem Schreibtisch _____ es.

b Hier in der Hamburger Kunsthalle _____ elf Bilder von Caspar David Friedrich.

c Da wohne ich, da wo der Leuchtturm _____ .

d Auf den Uferbänken _____ am Nachmittag Frauen und alte Leute.

e Aber in der Nacht _____ auf den Bänken betrunkene Seeleute.

f Hier ist noch ein Platz frei, möchten Sie hier _____ ?

g Ein halber Liter Rum, das ist zu viel! Du kannst ja kaum noch _____ !

h Und vergiß deine Mütze nicht, sie _____ in der Garderobe.

i Ich _____ schon 20 Minuten auf der Bank und warte auf dich.

k Diese Kirche _____ hier seit 700 Jahren.

l Die kleine Kattrin _____ im Kinderwagen und schläft.

□ □

4

Studie   *Bitte ergänzen Sie* stehen, sitzen *oder* liegen, *und ergänzen Sie die Bildnummern:*

Hamburg ist, sagen die Hamburger, die brückenreichste Stadt der Welt, sie hat 2331 Brücken.

Denn Hamburg _____ am Wasser, am Zusammenfluß von Elbe und Alster. Der Ham-

burger Hafen ist immer noch der größte in Deutschland. Hier _____ Schiffe aus

aller Welt, und dahinter _____ die Türme der Altstadt, die Türme der Michaeliskirche,

5 der Nikolaikirche und der Katharinenkirche (Bild 1). Nur wenige Häuser erinnern noch an das

alte Hamburg, manches alte Fischerhaus _____ einsam zwischen hohen Fabriken und

Handelshäusern (Bild 2). Zwischen Elbe und Alster _____ das Stadtzentrum mit auto-

freien Straßen und Plätzen, bei schönem Wetter _____ die Leute auf der Straße und

genießen die Sonne und das Hamburger Bier (Bild 3). Für viele Besucher ist nur Hamburgs

10 Nachtleben interessant. Im Stadtteil Sankt Pauli gibt es über 500 Bars, Diskotheken, Kinos, Shows

und Kneipen, über dem Eingang _____ Namen wie „Tabu" oder „Lido" oder „Piraten"

ten" (Bild 4); am Straßenrand _____ die Taxis und warten auf die Gäste, die den

Heimweg nicht mehr finden. Gefährlicher als alle Nachtlokale ist ein anderes Haus mitten im

Zentrum von Hamburg: die Börse (Bild 5). Da _____ die Reichen und hoffen auf

15 den Gewinn ihres Lebens. Besser, wir gehen in den Zoo und erholen uns beim Anblick der

harmlosen Tiger, die da _____ und uns freundlich begrüßen (Bild 6).

10

5
Analyse

Beispiele: die Besucher des Hafens
die brückenreichste Stadt der Welt
die Gefahren des Nachtlebens
die Türme der Kirchen

Frage: Welcher Konsonant ist typisch für den Genitiv?

Singular
  maskulin: _____
  feminin: _____
  neutrum: _____

Plural: _____

6
Elemente   *DAS NOMEN*

SINGULAR			
	maskulin	feminin	neutrum
NOM	der Fluß	die Welt	das Meer
AKK	den Fluß		
DAT	dem Fluß	der Welt	dem Meer
GEN	des Flusses		des Meeres

PLURAL	
NOM	die Nächte
AKK	
DAT	den Nächten
GEN	der Nächte

7 ◡◡
Bitte
sprechen Sie

In welchem Lokal ist das passiert?
> → Der Name des Lokals ist uns nicht bekannt.

In welcher Bar ist das passiert?
In welchem Hotel ist das passiert?   In welchem Café ist das passiert?
Bei welchen Leuten ist das passiert?   Auf welchem Platz ist das passiert?
In welcher Straße ist das passiert?   In welcher Stadt ist das passiert?

8 ◡◡
Bitte
sprechen Sie

Das ist die Elbe, nicht?
> → Ja, und gleich in der Nähe der Elbe wohne ich.

Das ist der Bahnhof, nicht?
> → Ja, und gleich in der Nähe des Bahnhofs wohne ich.

Das ist das Rathaus, nicht?   Das ist das Stadion, nicht?
Das ist der Hafen, nicht?   Das ist die Mensa, nicht?
Das ist die Uni, nicht?   Das ist der Dom, nicht?

9
Studie

Ergänzen Sie bitte den bestimmten Artikel:

a   Der Binnenhafen liegt an einem Seitenkanal _____ Elbe.

b   Wir wohnen in der Nähe _____ Bahnhofs Dammtor.

c   Leider habe ich den Namen _____ Hotels vergessen.

d Der Botanische Garten liegt im Nordwesten _____ Stadtzentrums.

e Weißt du noch die Adresse _____ Diskothek?

f Die Bomben _____ Zweiten Weltkriegs haben Hamburg zu 50% zerstört.

g Hier ist die Grenze _____ Stadtbezirks.

h Der neue Elbtunnel ist im Westen _____ Stadt.

i Siehst du schon das Ende _____ Tunnels?

10
Kombination

Was ist gefährlich? langweilig? anstrengend? süß? spannend?

Beispiel: Was ist gefährlich? – Die Arbeit des Zoodirektors.

	der Tiger
	die Schlafwandlerin
	der Detektiv
	die Millionärin
das Leben	der Seemann
der Spaziergang	die Schlange
die Pistole	der Dompteur
das Gift	die Apothekerin
die Arbeit	der Politiker
	die Bankräuberin
	der Kapitän
	das Mannequin
	der Barmann

11
Spiel
(z.B. mit Karten)

Spielen Sie ohne Worte:

Ich kratze mich.
Ich frisiere mich.
Ich dusche mich.
Ich schminke mich.
Wir unterhalten uns.
Wir treffen uns.
Ich rasiere mich.

Ich ziehe mich an.
Ich beeile mich.
Ich freue mich.
Ich wasche mich.
Ich trockne mich ab.
Ich föne mich.
Ich kämme mich.

Wir streiten uns.
Ich ärgere mich.
Ich bade mich.
Ich mache mich schön.
Ich sehe mich im Spiegel.
Wir verstehen uns.
Ich sonne mich.

Die anderen Schüler raten, was Sie tun.

12
Elemente   *DAS VERB DIRIGIERT DEN SATZ*

Die Katze kratzt mich.

Die Katze kratzt sich.

REFLEXIVE VERBEN

Präsens

SINGULAR	PLURAL
ich schminke mich	**wir schminken** uns
Sie schminken sich	**Sie schminken** sich
du schminkst dich	**ihr schminkt** euch
er |	
sie } **schminkt** sich	**sie schminken** sich
es /	

Vollständige Darstellung: GRUNDGRAMMATIK DEUTSCH auf den Seiten 65–67

13 👓
Bitte
sprechen Sie

Schon frisiert?
→ Klar, ich frisiere mich jeden Morgen.

Schon rasiert?
Schon geduscht?   Schon gefrühstückt?
Schon gefönt?   Schon gebadet?
Schon gekämmt?   Schon eingekremt?

14
Schreibschule

Bitte schreiben Sie – in kleinen Gruppen oder individuell – genau auf: Was machen
Sie am frühen Morgen / am Abend – wann? wie lange? ...

15 👓
Bitte
sprechen Sie

Warum schminkst du dich so?
→ Ich schminke mich, wie ich will.

Warum rasierst du dich nie?
→ Ich rasiere mich, wann ich will.

Warum kämmst du dich nie?   Warum malst du dich so an?
Warum ziehst du dich so an?   Warum duschst du dich nie?
Warum frisierst du dich nicht?   Warum trägst du deine Haare so?

16 👓
Kleiner Dialog

Andreas: Du, wann treffen wir uns?
Claudia: Um fünf? Im Hafencafé?
Andreas: Gut, ich freue mich schon! Aber schmink dich bitte nicht wieder so!
Claudia: Ich schminke mich, wie ich will. Tschüß!

17
Variation

A Wo sehen wir uns wieder?

B In der Diskothek „Kolumbus"? Um elf?

A O.k. Ich freue _____ . Aber bitte zieh _____ nicht wieder so komisch an.

B Ich _____ .

18
Variation

Uta: Und wo sehen wir _____ wieder?

Jens: Im Strandhotel, um sieben?

Uta: Prima, ich freue _____ ! Aber rasier _____ anständig, Jens!

Jens: Also Uta, ich _____ .

19
Studie   *Ergänzen Sie die Pronomen*:

a Wir machen Urlaub am Meer. Jeden Tag baden wir und sonnen _____ stundenlang am Strand.

b Hier erhole _____ _____ wirklich. Wir interessieren _____ nur noch für Sommer und Sonne, die Politik haben wir vergessen.

c Am Abend trifft Iris ihren neuen Freund Karsten, sie haben _____ am Strand kennenge-lernt.

d Iris stellt _____ täglich eine Stunde vor den Spiegel und macht _____ schön.

e Aber Karsten rasiert _____ immer nur zu Weihnachten.

f Sie treffen _____ abends in der Lido-Diskothek.

g Er interessiert _____ für Computer, sie interessiert _____ für Mode. Jeden Abend will er _____ mit ihr über Computerprogramme unterhalten.

h Sie kratzt _____ am Kopf und fragt sich: Liebt er _____ denn? Warum unterhält er _____ mit mir immer nur über Maschinen?

20 ⌒⌒
Hören und
verstehen

Welches Bild paßt?   1 ☐   2 ☐   3 ☐   4 ☐

Weitere Materialien zur Auswahl

21
Das richtige
Wort

Was kann man backen? bauen? nähen? binden? putzen?

22
Das richtige
Wort

Was kann man drucken? sammeln? öffnen? ausfüllen? leeren?

Greta Garbo
Der Teufel
Pablo Picasso
Johann Strauss
(Sohn)

23
Werkstatt

in kleinen Gruppen

Interview

Mit wem wollen Sie diskutieren? Wählen Sie irgendeine bekannte oder unbekannte Person aus irgendeiner Zeit, aus irgendeinem Land. (Die Bilder hier sind nur Ideen.) Was möchten Sie diese Person fragen? Planen Sie das Interview. Wer spielt die bekannte/unbekannte Person? Spielen Sie das Interview.

24
Kontrolle

A   *Ergänzen Sie die Pronomen:*

a   Wir haben _____ lange nicht gesehen! Wie geht es euch? Habt

_____ euch gut erholt?

b   Natürlich, wir haben Urlaub am Meer gemacht, jeden Tag haben wir bis neun geschlafen, dann haben wir _____ auf der Terrasse getroffen und gefrühstückt und _____ ausgezeichnet unterhalten.

c   Michael rasiert _____ spät am Abend, denn er trifft _____ heute noch mit Grazia.

B   *Ergänzen Sie die Artikel:*

d   Kennen Sie den Autor _____ Buchs?

e   Leider habe ich die Adresse _____ Studentin verloren.

f   Wir wohnen gleich in der Nähe _____ Universität.

g   Die Zahl _____ Medizinstudenten ist wieder gestiegen.

h   Am Anfang _____ Semesters sind sie alle fleißig.

i   Aber am Ende sind die Säle _____ Hauses fast leer.

12 Lösungen

Schwerpunkt Wirtschaftsdeutsch (A)

25
Kleines Quiz

1   [ ]   Welches Wort paßt nicht in die Reihe?

   a   englisch
   b   deutsch
   c   kalt
   d   isländisch

2   [ ]   Welches Wort paßt nicht in die Reihe?

   a   Franken
   b   Schokolade
   c   Mark
   d   Schilling

3   [ ]   Welches Wort paßt nicht in die Reihe?

   a   die Parkbank
   b   die Sparkasse
   c   die Kreditbank
   d   die Hypothekenbank

4   [ ]   Welches Wort hat nichts mit Geld zu tun?

   a   der Zoll
   b   die Steuer
   c   der Preis
   d   der Vogel

5 ☐ Was kann man mit Geld nicht tun?

    a   regnen
    b   zahlen
    c   zählen
    d   wechseln

6 ☐ Das Gegenteil von sparen ist

    a   schlafen
    b   vergessen
    c   ausgeben
    d   essen

7 ☐ Welches Wort paßt nicht in die Reihe?

    a   einzahlen
    b   abheben
    c   überweisen
    d   stehlen

8 ☐ Wo kann man k e i n e Zinsen bekommen?

    a   auf der Bank
    b   in der Metzgerei
    c   auf der Sparkasse
    d   auf der Post

26

Lesetext

Wer Geld spart und der Bank oder der Sparkasse leiht, bekommt Sparzinsen. Je mehr Geld er auf seinem Konto hat und je länger er es dort läßt, desto höher werden die Zinsen.

Wer Geld von der Bank leiht, muß für diesen Kredit Zinsen zahlen. Die Zinsen für geliehenes Geld sind höher als für gespartes Geld.

Grundschüler-Lexikon Sachunterricht, München: Piper, 5. Aufl. 1980, S. 264

27
Textarbeit   *Was ist richtig?*

a Ich habe 1000 DM auf meinem Sparkonto. Die Sparkasse □ nimmt von mir / □ zahlt mir Zinsen.

b Ich bekomme von der Bank einen Kredit. Ich □ muß Zinsen zahlen. / □ bekomme von der Bank Zinsen.

c Die Bank lebt von den □ Konten. / □ Zinsen. / □ Geschenken.

d Wie hoch sind die Zinsen in Ihrem Land
  – für einen Kredit?
  – für Spargeld?

28
Das richtige Wort   *Welches Verb paßt?*

Geld kann ich
ein Konto kann ich

| einzahlen |
| eröffnen |
| überweisen |
| wechseln |
| abheben |
| schließen |
| zahlen |

29 ⊙⊙
Kleiner Dialog

Bankangestellter: Was kann ich für Sie tun?
Hans: Ich möchte 200, — DM abheben.
Bankangestellter: Wie ist Ihre Kontonummer?
Hans: 422438.
Bankangestellter: Bitte unterschreiben Sie hier. Danke.

30
Ihre Rolle, bitte   *Spielen Sie Bankgespräche.*

21

Phonetisches Zwischenspiel

sch

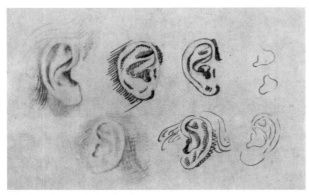

Goethe: Anatomische Studie

1
Elemente

sch

Wir schreiben diesen Laut: **sch**
oder *am Wortanfang oder Silbenanfang* **s** vor **t**
                                          s vor **p**

Beispiele: mi**sch**en, fri**sch**, Du**sch**e, Rau**sch**, **sp**ielen, **sp**rechen, **St**udie,
ver/**st**ehen, Fußball/**sp**iel

Das **sch** ist immer stimmlos (keine Stimme).

2 👓
Bitte
hören Sie

s	**sch**
Wasser	→ waschen
Tasse	Tasche
Fleiß	Fleisch
Bus	Busch

sch	**s**
Busch	→ Bus
Rausch	raus
vermischen	vermissen
Masche	Masse

3 ⊙⊙

Bitte
sprechen Sie

wissen	→	wischen	→	wissen
Tasse		Tasche		Tasse
Bus		Busch		Bus
Mars		Marsch		Mars
raus		Rausch		raus
Mensa		Menschen		Mensa
lösen		löschen		lösen
Rasse		rasch		Rasse

4 ⊙⊙

Welches Wort
hören Sie?

1
  a ☐ Bus
  b ☐ Busch

6
  a ☐ schau
  b ☐ Sau

2
  a ☐ Tasse
  b ☐ Tasche

7
  a ☐ raus
  b ☐ Rausch

3
  a ☐ Schein
  b ☐ sein

8
  a ☐ Wasser
  b ☐ waschen

4
  a ☐ Masche
  b ☐ Masse

9
  a ☐ Haß
  b ☐ Hasch

5
  a ☐ Fleiß
  b ☐ Fleisch

10
  a ☐ löschen
  b ☐ lösen

5 ⊙⊙

Bitte
sprechen Sie

a Schau deine Schuhe an!
   Schreiben Sie schön.
   Schlafen Sie gut.
   Schonen Sie sich.

c Glasschale
   Fußballspiel
   Hausschlüssel
   Fischsuppe

b Bist du bestimmt da?
   Spaß am Spiel
   Du kommst zu spät.
   Schlaf süß!

d Eisschrank
   Zwetschgenschnaps
   Geisteswissenschaft
   Aussprache

Kapitel 2

Kernprogramm

1
Szene

Herr Zeiss:	Frau Zeder, haben Sie den Brief schon übersetzt?
Frau Zeder:	Den Brief? Ach ...
Herr Zeiss:	Haben Sie den Flug nach Amsterdam gebucht?
Frau Zeder:	Noch nicht.
Herr Zeiss:	Haben Sie das Taxi für elf Uhr bestellt?
Frau Zeder:	Nein.
Herr Zeiss:	Haben Sie die Rechnungen bezahlt?
Frau Zeder:	Wie bitte? Die Rechnungen? Nein.
Herr Zeiss:	Sind Sie schon auf der Post gewesen?
Frau Zeder:	Tut mir leid.
Herr Zeiss:	Aber Frau Zeder, haben Sie denn alles, alles vergessen?
Frau Zeder:	Aber Moment mal, Herr Zeiss, sagen Sie mal, haben Sie die heutige Zeitung nicht gelesen?
Herr Zeiss:	Nein.
Frau Zeder:	Da steht es.
Herr Zeiss:	Interessiert mich nicht. – Was denn?
Frau Zeder:	Unsere Firma hat Bankrott gemacht.

2
Textarbeit

1 Wann spielt die Szene?
2 Warum hat Frau Zeder die Rechnungen nicht bezahlt?
3 Können Sie die Fragen von Herrn Zeiss wiederholen?
4 Bitte spielen Sie die Szene ohne Buch.

3
Variation

Hermann: Hast du den Brief _____ ?

Hans: _____ .

Hermann: Bist du beim Reisebüro _____ ?

Hans: _____ .

Hermann: _____ Zeitung _____ ?

Hans: _____ .

Hermann: _____ Sparkasse _____ ?

Hans: _____ .

Hermann: _____ Auto _____ ?

Hans: _____ .

Hermann: _____ ?

4
Ihre Rolle,
bitte

Spielen Sie eine ähnliche Szene
- zwischen Küchenchef und Küchenhilfe
- zwischen dem Chef eines Reisebüros und seinem Mitarbeiter
- zwischen Bankdirektor und zwei Mitarbeitern
- zwischen einer Gastgeberin und ihrem Mann, der ihr helfen wollte
- zwischen ...

5 ⊙⊙
Bitte
sprechen Sie

Hoffentlich geht der Chef bald.   → Er ist eben gegangen.
Hoffentlich kommt das Geld bald.
Hoffentlich ruft Hans bald an.
Hoffentlich kommt die Post bald.
Hoffentlich zahlt der Kunde bald.
Hoffentlich kommt die Zeitung bald.
Hoffentlich unterschreibt der Chef bald.
Hoffentlich kommt der Scheck bald.
Hoffentlich zahlt die Firma bald.
Hoffentlich kommt das Frühstück bald.

6 ⊙⊙

Bitte sprechen Sie

Können Sie unterschreiben, bitte?
→ Ich habe schon unterschrieben.

Wollen Sie noch antworten?	Möchten Sie jetzt frühstücken?
Rufen Sie Herrn Jung an?	Fragen Sie doch selber im Büro!
Sie müssen die Rechnung bezahlen!	Können Sie bitte die Fahrkarten kaufen?
Wann schreiben Sie den Brief?	Bitte buchen Sie den Flug nach Stockholm!

7

Suchen und finden

Eine interessante Nachricht!
→ Ich habe sie auch gelesen.

Ein guter Film!	Ein gutes Foto!
Eine ganz neue Platte!	Ein interessanter Roman!
Ein dummer Brief!	Eine schlechte Nachricht!
Eine schöne Stadt!	Ein ausgezeichnetes Bild!

8

Elemente
(Wiederholung)

DAS PERFEKT

Das Perfekt besteht aus zwei Teilen: Hilfsverb + Partizip II

ich bin …	**geflogen**
ich habe …	**vergessen**

Wann nehmen wir *ich bin*, wann nehmen wir *ich habe*?

Perfekt mit *ich bin*:	Perfekt mit *ich habe*:
WECHSEL	Alle anderen Verben
Ort A ———→ Ort B **Ich bin nach Amsterdam geflogen.** Zustand A ———→ Zustand B **Ich bin eingeschlafen.** } Aber nur Verben, die keinen Akkusativ haben können.	**Ich habe das Taxi bestellt.** **Wir haben die Rechnung bezahlt.**
und zwei spezielle Verben: **Ich bin in Frankfurt gewesen.** **Ich bin zu Hause geblieben.**	

Ausführliche Darstellung: Grundgrammatik Deutsch auf Seite 26 und 27

9
Studie

a Wie lange _____ ihr in Leningrad gewesen?

b Wo _____ ihr übernachtet?

c Wie _____ euch das Essen geschmeckt?

d _____ ihr schöne Fotos mitgebracht?

e _____ ihr auch mit dem Boot auf der Newa gefahren?

f Und _____ ihr eine Schaukel im Park ausprobiert?

g _____ ihr euch mit den Studenten unterhalten?

h Und _____ ihr auch ein bißchen Russisch gelernt?

10 ⊙⊙
Studie

Herr Hammer: Ich höre, Sie _____ in Ägypten gewesen! Wie war's?

Herr Nagel: Wahrscheinlich sehr schön. Aber leider _____ ich kaum was gesehen.

Herr Hammer: Wieso?

Herr Nagel: Ach, wissen Sie, diese Gesellschaftsreisen! Täglich _____ wir um fünf aufgestanden! Den ganzen Tag _____ wir durch Tempel gerannt, _____ Museen besichtigt und _____ auf Pyramiden gestiegen! Vor elf _____ wir überhaupt nie ins Bett gekommen. Ich bin am Ende.

Herr Hammer: Traurig.

Herr Nagel: Gestern abend _____ wir heimgekommen, ich _____ mich ins Bett gelegt und _____ vierzehn Stunden geschlafen.

Herr Hammer: Bravo!

Herr Nagel: Jetzt _____ ich mir ein Buch über Ägypten gekauft, das lese ich jetzt in aller Ruhe. Ich freue mich schon so darauf, die Pyramiden zu sehen.

11
Elemente   *TRENNBARE UND NICHT-TRENNBARE VERBEN*
(Wiederholung)

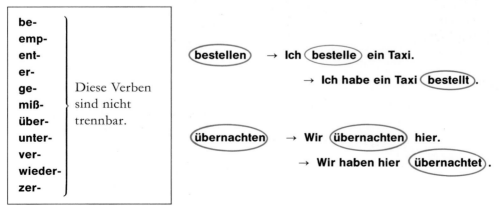

be-
emp-
ent-
er-
ge-
miß-
über-
unter-
ver-
wieder-
zer-
⎫ Diese Verben sind nicht trennbar.

bestellen → Ich bestelle ein Taxi.
→ Ich habe ein Taxi bestellt.

übernachten → Wir übernachten hier.
→ Wir haben hier übernachtet.

12

Unterhaltung/Schreibschule

Nicht alle Reisen sind so schlimm wie Herrn Nagels Reise. Erzählen Sie von einer besonders schönen, spannenden, lustigen Reise – mündlich oder schriftlich. Beachten Sie bitte die korrekten Perfektformen.

Verben mit allen anderen Präfixen sind trennbar	(anrufen) → Bitte /rufen) Sie Firma Zille (an/.
	→ Haben Sie Firma Zille (angerufen)?
	(mitbringen) → Wir /bringen) Fotos (mit/.
	→ Habt ihr die Fotos (mitgebracht)?

Ausführliche Darstellung: GRUNDGRAMMATIK DEUTSCH auf den Seiten 27–29

13
Studie

a   Montag 5^{30} Abfahrt der Busse.

Die Busse sind um 5^{30} abgefahren.

b   Monduntergang 6^{00}.

c   Flughafen: Abflug 7^{15}.

d 7^{18} Sonnenaufgang.

e 7^{40} Flug über den Montblanc.

f 7^{50} Frühstück. Kaffee auf das Kleid gegossen.

g 9^{20} Landung in Neapel.

h 11^{00} Ankunft im Hotel.

i 12^{00} Mittagessen: riesige Pizza!

k 14^{20} Abfahrt zum Vesuv.

l 16^{00} Gipfel.

14
Suchen und
finden

Herr Zeiss ist um 23 Uhr immer noch nicht zu Hause.
Seine Familie macht sich Sorgen.

Frau Zeiss: Hoffentlich ist er nicht verunglückt!
Sohn/Tochter: Verunglückt? Nie! Er ist viel zu vorsichtig.

Spielen Sie ähnliche Dialoge:

a   in die falsche Bahn steigen   – zu intelligent
b   das Geld verlieren   – zu vorsichtig
c   zu spät zur Bahn kommen   – zu pünktlich
d   zu viel trinken   – zu sparsam
e   unter ein Auto kommen   – zu vorsichtig
f   den Weg verlieren   – zu klug

15 ⊙⊙
Hören und
verstehen

Bitte antworten Sie mit ganzen Sätzen:

Frage 1:   Arbeitet Frau Keller noch?
Frage 2:   Macht sie in der neuen Firma etwas anderes als früher?
Frage 3:   Warum möchte sie gerade in dieser Firma arbeiten?
Frage 4:   Was ist Frau Keller von Beruf?

Weitere Materialien zur Auswahl

16
Kombination

Die alten Ägypter	sind mit 40 Schiffen in den Libanon	gefunden.
	haben 22 m lange Segelschiffe	gebaut.
	sind tolle Seefahrer	gewesen.
	sind rund um Afrika	gefahren.
	haben den Seeweg zum Atlantik	

17
Kombination

Schon die Skandinavier	haben (um 980 nach Chr.) amerikanischen Boden	erreicht.
	sind mit ihren Schiffen bis Labrador	betreten.
	sind über den nördlichen Atlantik	gesegelt.
	haben über Island und Grönland Amerika	gekommen.

18 ⌒⌒
Bildgeschichte 0

NEUES LAND

Bitte ergänzen Sie haben *oder* sein:

1 Der Italiener Christoph Kolumbus _____ nie eine Schule besucht.

2 Aber er _____ Amerika entdeckt.

3 Kolumbus _____ achtmal über den atlantischen Ozean gesegelt. Das

_____ die erste Landkarte von Südamerika.

4 Gegen die Indianer _____ die europäischen Gäste nicht gerade freundlich.

5 Der Portugiese Magellan _____ als erster den Pazifik überquert.

6 Zur gleichen Zeit _____ Nikolaus Kopernikus die Erklärung des Planeten-
systems gefunden.

7 Hier in Krakau _____ Kopernikus gearbeitet.

8 Seine Theorie wurde verboten. Aber niemand kann auf die Dauer die Wahrheit verbieten.

8 Lösungen

19

Studie   *Bitte ergänzen Sie* ablehnen, arbeiten, erscheinen, sterben, studieren:

a   Nikolaus Kopernikus hat Theologie, Medizin, Mathematik, Jura und Astronomie

_____ .

b   Er hat dreißig Jahre an seinem System _____ .

c   Im Jahr 1543 ist er im Alter von siebzig Jahren _____ .

d   Im gleichen Jahr ist sein revolutionäres Buch _____ .

e   Nicht nur die katholische, auch die evangelische Kirche hat seine Theorie

_____ .

f   Kopernikus war ein universaler Kopf, er hat nicht nur als Astronom, sondern auch als

Arzt, Politiker und Ingenieur _____ .

Flugversuch von Otto Lilienthal 1891

20

Lesetext
eingeführt als Lückendiktat (Diktattext im Lehrerheft)

Otto Lilienthal (geboren _____) hat viele Jahre lang den _____

_____ und seine Forschungen in dem Buch „Der Vogelflug als Grundlage

der Fliegekunst" (_____) zusammengefaßt. Er hat, zusammen mit seinem

_____ Gustav, eine ganze Serie von Flugzeugen _____ und

sie in seinem _____ in Berlin und später an einem Hügel in der

_____ _____ . Lilienthal hat über _____ Flüge

gemacht und ist bis zu _____ Meter weit geflogen. Im August _____ hat ihn sein

Glück verlassen: er ist aus einer Höhe von _____ Metern abgestürzt und am

_____ _____ in einer Berliner Klinik gestorben.   15 Lösungen

21
Kontrolle

Ergänzen Sie anziehen, aufstehen, bezahlen, treffen, verlieren:

a O Gott! ich habe meinen Schlüssel *verloren* !

b Und in dem Café habe ich meinen alten Freund Charlie _____ .

c Haben Sie den Flugschein schon _____ ?

d Eiskalt heute! Zum Glück habe ich den Mantel _____ .

e Schon zehn Uhr! Und du bist noch nicht _____ !

Ergänzen Sie erzählen, telefonieren, übersetzen, verstehen:

f Eine komplizierte Theorie. Ich habe sie nie ganz _____ .

g Dieses dicke Buch hat er allein aus dem Japanischen _____ .

h Ich kenne die Geschichte schon, du hast sie schon zweimal _____ .

i Seine Telefonnummer war eine halbe Stunde lang belegt. Er hat pausenlos

_____ .

Ergänzen Sie arbeiten, aufhören, rennen, verstehen:

k Können Sie die Frage wiederholen? Ich habe sie nicht genau _____ .

l Wir sind zum Bahnhof _____ , so schnell wir konnten, aber der Zug
war weg.

m Ich bin wirklich todmüde, ich habe elf Stunden _____ .

n Er liebt sie heute noch. Er hat nie _____ , sie zu lieben.   12 Lösungen

Phonetisches Zwischenspiel

n und **l** am Wortende

1
Elemente

Am Wortende sprechen wir **en** wie n,
am Wortende sprechen wir **el** wie l.

Wir schreiben: *Wir sprechen:*
kaufen   kaufn
Apfel   Apfl.

2 ⊙⊙
Bitte
sprechen Sie

a   Wir suchen einen guten Blumenladen.
    dort auf dem roten Sessel
    Wir kommen mit unseren Freunden.
    Hier fehlen Löffel und Gabel.

b   Mein Schlüssel ist verschwunden.
    Wollen Sie ihre Bekannten fragen?
    Handelsbank, Geldwechsel, Mark und Rubel.
    Haben Sie einen guten Zirkel?

c   Guten Morgen!
    Bitte zwei Schnitzel mit Nudeln.
    Wir essen in dem Biergarten.
    Was möchten Sie trinken?

d   Schreiben Sie es an die Tafel.
    Wir nehmen den runden Spiegel.
    die feinen vornehmen Damen
    zu allen Zeiten

1

2

3

4

5

6

7

8

Kapitel 3

Kernprogramm

1 ⌒⌒
Bildgeschichte P

SCHWARZWALD

Bitte ergänzen Sie die Präpositionen:

1   Wir treten _____ dem Wald und haben einen weiten Blick auf die Berge: die Schwarz-

    waldberge.

2   Das ist ein altes Schwarzwaldhaus _____ Freiburg. Es ist ganz _____ Holz gebaut.

3   Links _____ Bauernhaus sehen Sie zwei Türme. Sie gehören zum Kloster Sankt Peter.

4   Wir besuchen _____ einer Gruppe von Studenten die Klosterbibliothek. Sie ist vier-

    hundert Jahre alt.

5   Die Bilder _____ unserer Zeit sehen ganz anders aus. Diese Autobahn führt _____

    Freiburg. _____ hier bis ins Zentrum sind es noch sieben Kilometer.

6   Hier ist täglich Markt, _____ acht _____ zwölf Uhr, _____ Sonne und

    _____ Regen.

7   Blumen, Obst, Eier – alles direkt _____ Land.

8   Freiburg bei Nacht. _____ dieses Tor fahren wir zurück in die Schwarzwaldberge.

2
Elemente   *PRÄPOSITIONEN MIT AKKUSATIV*

bis	ENDPUNKT (ZEIT)	**Von acht** bis **zwölf ist hier Markt.**
	ENDPUNKT (ORT) ohne Artikel: **bis** mit Artikel: **bis zu / bis an**	**Der Zug fährt** bis **Freiburg.** **Können Sie mich** bis zum **Theater mitnehmen?**

durch	WEG	**Ich schaue** durchs **Fenster.** **Ich habe es** durch **Hella erfahren.**

für	ZWECK	**Bitte gib mir 40, – DM** für die **Theaterkarten.** **Eine Creme** für **empfindliche Haut.** **Das Hotel ist zu teuer** für **mich.** **Hier, Ihr Gehalt** für **diesen Monat.**

gegen	RICHTUNG (ORT)	**Der Bus ist** gegen **den Baum gefahren.** **Ein Medikament** gegen **Zahnschmerzen.**
	RICHTUNG (ZEIT)	**Ich komme** gegen **8 Uhr** (nicht später).

ohne		Ohne **Hut gefällst du mir besser.**

um	ORT (rund um)	**Die ganze Familie sitzt (rund)** um den **Frühstückstisch.**
	ZAHL, ZEIT	ungenau: **Ein normales Fahrrad kostet** um die **300, – DM.** **Das Porträt ist** um **1800 entstanden.** genau nur mit „Uhr": **Die Maschine startet** um **12²⁰ Uhr.**

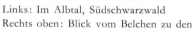

Links: Im Albtal, Südschwarzwald
Rechts oben: Blick vom Belchen zu den
Alpen
Rechts unten: Unter dem Blauen, Blick zu den
Alpen

3

Studie   *Ergänzen Sie* bis, durch, für, ohne:

a _____ die Zweige sehen wir schon den Gipfel.

b _____ zum Gipfel ist es noch eine halbe Stunde.

c Das ist ein Weg _____ gute Bergwanderer. _____ feste Winterschuhe kommen
Sie hier nicht weiter.

d Wir gehen fast jedes Wochenende 20 _____ 30 km _____ den Schwarzwald.

e Jochen muß natürlich pausenlos fotografieren. Er kann nicht _____ Kamera leben.

f Von St. Peter _____ Freiburg sind es nur 15 km.

4
Elemente   *PRÄPOSITIONEN MIT DATIV*

ab	AUSGANGS-PUNKT (ORT)	**Abflug** *ab Frankfurt* **12.20.**
	AUSGANGS-PUNKT (ZEIT)	*Ab kommender Woche* **rauche ich nicht mehr.**
aus	„QUELLE"	**Ich komme** *aus Deutschland* **/** *aus dem Schlafzimmer.* **Er trinkt** *aus der Flasche.* **Der Tisch ist** *aus Tannenholz.*
bei	NÄHE (ORT)	**St. Peter liegt** *bei Freiburg.* **Carmen wohnt** *bei Familie Lindner.*
	NÄHE (ZEIT)	*Bei diesem Wetter* **bleibe ich im Bett.** *Bei Gefahr* **Knopf drücken!**
mit	BEGLEITUNG	**Wir kommen** *mit unseren vier Kindern.*
	„METHODE"	*Mit dem Bus* **sind es nur zehn Minuten.** **Das kann ich nur** *mit der Brille* **lesen.**
nach	ZIEL	**Fahren Sie** *nach Basel***?**
	ZEIT	*Nach dem Essen* **hätte ich gern eine Tasse Kaffee.**
seit	DAUER	**Ich bin** *seit drei Monaten* **in Konstanz.**
von	ORT / ZEIT	**Der Radfahrer ist** *von rechts* **gekommen.** **Ein Manuskript** *von 1844.*
	GENITIV-ERSATZ	**Eine Freundin** *von mir.*
zu	ZIEL (ORT)	**Wir gehen** *zum Baden* **/** *zur Post* **/** *zu unseren Freunden.*
	ZIEL (ZEIT)	**Das schenke ich dir** *zum Geburtstag.*

5

Studie   *Streichen Sie alle falschen Präpositionen weg:*

        mit

a Wir haben, bei einer Gruppe von Studenten, ein Kloster besucht.
        für

        mit

b Das Kloster liegt bei Freiburg.
        um

  Bei   mit

c Mit hier sind Sie bei dem Wagen in einer Viertelstunde in Freiburg.
  Von   auf

        in   aus

d Zum Kloster gehört eine Bibliothek mit herrlichen Büchern zu dem Mittelalter.
        um   mit

        durch

e Wir sind 38 km zu den Schwarzwald gewandert.
        über

  Durch

f Aus der Wanderung war ich halbtot.
  Nach

        bei

g Warum bist du mit den uralten Schuhen gewandert!
        von

        bei

h Diese alten Bauernhäuser sind ganz für Holz gebaut.
        aus

        mit

i Dieses Haus da ist 600 Jahre alt, ein Bild bei einer anderen Zeit.
        aus

        gegen

k Das dicke Holz ist ein guter Schutz mit die Kälte.
        bei

6 ⊙⊙

Bitte
sprechen Sie

Was ist ein Holzhaus?
→ Ein Haus aus Holz.

Was ist ein Weinglas?
→ Ein Glas für Wein.

Was ist ein Brotteller?   Was ist eine Holztreppe?
Was ist ein Holzteller?   Was ist ein Damenhut?
Was ist eine Blumenvase?   Was ist ein Kindertisch?
Was ist eine Steintreppe?   Was ist ein Glasteller?

7 ⊙⊙

Bitte
sprechen Sie

Was ist eine Parkbank?
→ Eine Bank im Park.

Was ist eine Holzbank?
→ Eine Bank aus Holz.

Was ist ein Kinderbett?   Was ist ein Holzlöffel?
Was ist eine Milchflasche?   Was ist ein Suppenlöffel?
Was ist eine Klosterbibliothek? Was ist ein Damenfriseur?
Was ist ein Bücherschrank?   Was ist ein Gartentisch?

8 ⊙⊙

Bitte
sprechen Sie

Was ist eine Busreise?
→ Eine Reise mit dem Bus.

Was ist ein Kinderfilm?
→ Ein Film für Kinder.

Was ist eine Schiffsreise?   Was ist eine Bahnfahrkarte?
Was ist eine Autofahrt?   Was ist eine Bierflasche?
Was ist ein Autorennen?   Was ist ein Papierteller?
Was ist eine Bahnreise?   Was ist eine Taxifahrt?

Oben: Neuenweg am Südhang des Belchen
Rechts oben: Blick von der Hornisgrinde nach
Norden
Rechts unten: Blick von der Hornisgrinde nach
Süden

9
Kombination

Es ist früh sechs Uhr. Heute wandern wir nach Waldshut. Wir packen den Rucksack.

Doris:	Dietrich:
Hast du die Landkarte?	Nein. Wir können auch mal zwei Tage ohne Orientierung leben.
	Klar. Wir können doch nicht ganz ohne Orientierung leben.

Unterhalten Sie sich ebenso über folgende Dinge:

Fotoapparat   Geld   Bücher   Creme   Streichhölzer   Wurst   Champagner   Seife   Uhr

Kompaß   Schnaps   Medikamente   Zigaretten   Zeitung   Politik   Feuer   Fleisch   Zeit

Technik   Sicherheit   Orientierung   Gift   Wissenschaft   Luxus

10

Elemente

Präposition + Artikel

beim ← **bei dem**
vom ← **von dem**
zum ← **zu dem**
zur ← **zu der**

Universität Freiburg

11 ⊙⊙

Bitte
sprechen Sie

Bitte, wo ist die Universität?
→ Kommen Sie mit, ich gehe gerade zur Universität.

Bitte, wo ist der Bahnhof?
Bitte, wo ist das Postamt?
Bitte, wo ist hier eine Apotheke?
Bitte, wo ist die Akademie?
Bitte, wo ist das Stadttheater?
Bitte, wo ist hier ein Friseur?
Bitte, wo ist hier die U-Bahn?
Bitte, wo ist hier der Hafen?
Bitte, wo ist hier die Universitätsbuchhandlung?

12 ⊙⊙

Bitte
sprechen Sie

Wir wohnen jetzt in Waldshut.
→ Interessant! Seit wann wohnt ihr in Waldshut?

Dirk ist jetzt Arzt.
→ Interessant! Seit wann ist er Arzt?

Grazia studiert jetzt an der Akademie.
Amalie ist jetzt Großmutter.
Ich lerne jetzt Französisch.
Meine Schwester lebt in Konstanz.
Jürgen ist jetzt Vater.
Wir haben jetzt ein Auto.
Ich habe jetzt einen neuen Job.
Ich bin Deutschlehrer.

13
Kombination

Woher kommst du?
Wohin geht ihr?

Tante – Café – Freundin – Eltern – Kino –
Geburtstag – Kirche – Haupteingang –
Gärtnerei – Mann – Polizei – Uni

Premiere – Tennisplatz – Hallenbad –
Schule – Unterricht – Bäcker –
Miß-Europa-Wahl – Kaufhaus – Disko –
Großvater – Demonstration

14
Kombination

Was möchten Sie mit ⟨Claudia / Andreas⟩ machen?

Ich möchte | bei / mit / von / zu | ihm / ihr

Platten hören	Geld bekommen	gehen
Händchen halten	diskutieren	wohnen
fahren	lernen	Eis essen gehen
fortgehen	bleiben	auf einer einsamen Insel sein
sein	streiten	einen dicken Brief bekommen

15

Analyse

NOMEN, DIE VOM VERB KOMMEN

Beispiele:

der Besuch, die Bewegung, das Essen, der Finder, der Fund, die Hoffnung, der Kuß, die Lage, der Lehrer, die Liebe, die Öffnung, die Ordnung, die Rede, die Reise, das Schwimmen, der Schwimmer, die Sprache, der Sprecher, die Suche, das Vergnügen, der Verkehr, der Verstand, das Verstehen, der Versuch, der Zug, der Zweifel, der Zweifler.

Aufgabe:

→ a Bitte finden Sie die Verben!
→ b Bitte ordnen Sie die Nomen in fünf Klassen:
   1. mit der Endung **-en**,
   2. mit der Endung **-er**,
   3. mit der Endung **-e**,
   4. mit der Endung **-ung**,
   5. ohne Endung.
→ c Welche Nomen sind maskulin?
   Welche sind feminin?
   Welche sind neutrum?
→ d Formulieren Sie nun selbst die Regel, aber beachten Sie:
   Die Regel (mask/fem/neutr) stimmt *nur bei Nomen, die vom Verb kommen.*

16 ⊙⊙

Hören und verstehen

a Freiburg: geographische Lage:

_____ *des Schwarzwalds* .

b Meereshöhe: _____ .

c Einwohner: _____ .

d Wie alt ist Freiburg? _____ .

e In wie vielen Freiburger Theatern wird ständig gespielt? _____ .

f Wie viele Hochschulen hat Freiburg insgesamt? _____ .

g In Freiburg haben viele berühmte Leute gelebt, vor allem

Theologen, _____ .

h Wie hoch ist der Berg Schauinsland? _____ .

Weitere Materialien zur Auswahl

17 ⚏
Lesetext

Es kam einmal der Herr sehr verdrießlich nach Hause und setzte sich zum Mittagessen. Da war die Suppe zu heiß oder zu kalt oder keines von beiden; aber genug, der Herr war verdrießlich. Er faßte daher die Schüssel mit dem, was darinnen war, und warf sie durch das offene Fenster in den Hof hinab.

5 Was tat hierauf der Diener?

Kurz besonnen warf er das Fleisch, welches er eben auf den Tisch stellen wollte, der Suppe nach auch in den Hof hinab, dann das Brot, dann den Wein und endlich das Tischtuch mit allem, was noch darauf war.

„Verwegener, was soll das sein?" fragte der Herr und fuhr mit drohendem 10 Zorn von dem Sessel auf.

Aber der Bediente erwiderte ganz kalt und ruhig: „Verzeihen Sie mir, wenn ich Ihre Meinung nicht erraten habe. Ich glaubte, Sie wollten in dem Hofe speisen." JOHANN PETER HEBEL

dienen	– für einen Chef arbeiten
Herr und Diener	– der Diener muß den Herrn bedienen
verdrießlich	– ärgerlich
fassen	– nehmen
darinnen	– innen (in der Schüssel)
kurz besonnen	– spontan, ohne nachzudenken
verwegen	– mutig, ohne nachzudenken
erwidern	– antworten
erraten	– herausbringen, verstehen

Johann Peter Hebel (1760–1826) war Sohn eines Dieners. Er arbeitete als Lehrer, später Schuldirektor in Karlsruhe. Bekannt sind vor allem seine *Kalendergeschichten* und seine *Alemannischen Gedichte*.

18
Textarbeit

In unserer Geschichte stehen die Verben nicht im Präsens, sondern im Präteritum, denn die Geschichte spielt nicht heute, sie spielte früher. Wir zeigen Ihnen das Präteritum erst in Kapitel 9. Aber es ist nicht schwierig. Sie können es heute schon lesen und verstehen. Finden Sie bitte die Präsensformen:

Präsens	*Präteritum*
er kommt	er kam
_____	er setzte sich
_____	sie war
_____	er faßte

und so weiter

19
Textarbeit

a Erzählen Sie die Geschichte in 5–6 Sätzen im Präsens.
b Die Idee des Dieners ist natürlich gut. Aber warum? Finden Sie 2–3 Gründe.
c Wie geht die Geschichte weiter?
d Finden Sie weitere Personen für die Geschichte. Bereiten Sie sich in kleiner Gruppe vor und spielen Sie sie. Finden Sie Ihren eigenen Schluß.

20
Studie

a Die roten Sandalen sind das richtige Geschenk _____ die kleine Evi.

b Im Hochsommer darfst du doch nicht _____ Sonnencreme baden!

c Der Bikini? Der gehört mir nicht. Den habe ich _____ meiner großen Schwester.

d Bitte passen Sie auf meine Uhr auf, die ist _____ reinem Gold.

e Wer ist der Mann _____ _____ roten Bademütze?

f Haben Sie mal fünf Minuten Zeit? Ich muß _____ _____ sprechen.

g Wir möchten Sie einladen, morgen ist _____ _____ eine kleine Party.

h Kennen Sie das Mädchen _____ _____ weißen Strümpfen?

i Hallo, Frau Kuhne, ein Brief _____ _____ !

k Halt! Was wollen Sie _____ _____ Pistole?

49

Schadstoff-Quellen

Schwefeldioxid und Stickoxide sind die Schadstoffe, die für den Wald am gefährlichsten sind.

Anteil der Schadstoffquellen am Gesamtausstoß beider Schadstoffe davon an

- Schwefeldioxid
- Stickoxid

31%

19%
30%

59%

45%

5%
9%
2%

7%
Haushalt

22%
Verkehr

25%
Industrie

46%
Kraftwerke
Heizkraftwerke

werde

GESCHWEF REPUBLIK

Jährliche Schwefelabla in der Bundesrepublik pro Kubikmeter)

Kraftwerke

Die Luftverschmutzung wird von allen Fachleuten als die H sache angesehen.

Straßen des Führers

kunftshütte „Seehaus" säumen tote Wälder mit gespenstisch ausgebleichten Baumresten den Weg. Später kann der kalte Wind noch ungehinderter wehen, denn dort, wo sich ihm vor ein paar Jahren noch dichtgestellte Bergfichten entgegen...

sterbenden Wälder um uns herum sind ein letztes Notsig

Selbsttanken

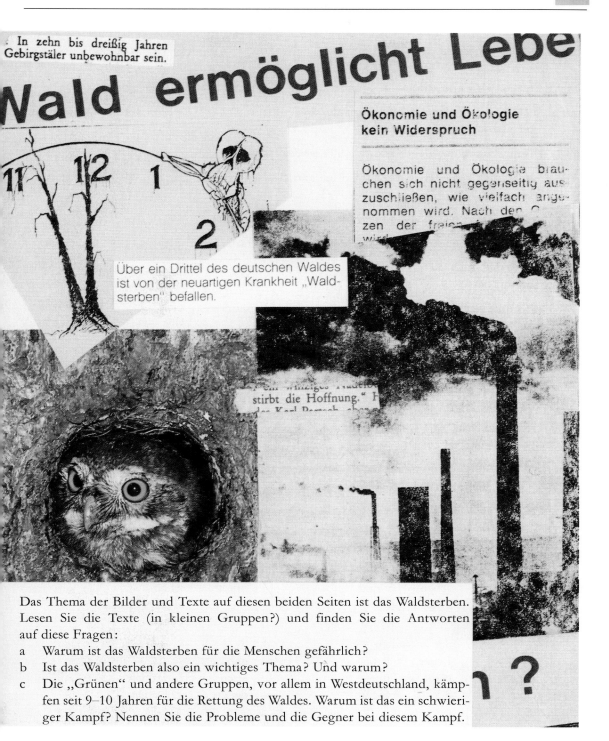

In zehn bis dreißig Jahren Gebirgstäler unbewohnbar sein.

Wald ermöglicht Lebe

**Ökonomie und Ökologie
kein Widerspruch**

Ökonomie und Ökologie brauchen sich nicht gegenseitig auszuschließen, wie vielfach angenommen wird. Nach den C zen der freien wird

Über ein Drittel des deutschen Waldes ist von der neuartigen Krankheit „Waldsterben" befallen.

stirbt die Hoffnung." H

Das Thema der Bilder und Texte auf diesen beiden Seiten ist das Waldsterben. Lesen Sie die Texte (in kleinen Gruppen?) und finden Sie die Antworten auf diese Fragen:

a   Warum ist das Waldsterben für die Menschen gefährlich?

b   Ist das Waldsterben also ein wichtiges Thema? Und warum?

c   Die „Grünen" und andere Gruppen, vor allem in Westdeutschland, kämpfen seit 9–10 Jahren für die Rettung des Waldes. Warum ist das ein schwieriger Kampf? Nennen Sie die Probleme und die Gegner bei diesem Kampf.

21
Kontrolle   *Ergänzen Sie die Präpositionen:*

Leila: Hallo, ich warte schon eine Stunde. _____ neun sitzt du in der Badewanne.

Leo: Ich bin fertig, komm rein. Hast du einen Fön? _____ Fön werden meine Haare nicht trocken.

Leila: Nein. Nimm das Handtuch. Das hier ist das Handtuch _____ Gäste.

Leo: Hier, die Creme schenke ich dir. Eine gute Sonnencreme _____ deine empfindliche Haut.

Leila: _____ wann hast du denn diesen komischen Bart?

Leo: _____ dem Bart gefalle ich dir wohl nicht, hm?

Leila: Also mit dem Bart siehst du ein bißchen dumm aus, Leo. _____ Bart gefällst du mir besser.

Leo: Na gut. Nächste Woche gehe ich _____ Friseur.

8 Lösungen

Phonetisches Zwischenspiel

i e ö

1 ⊙⊙
Bitte
sprechen Sie

a   lesen → lösen
    sehen   Söhne
    Heer   hören
    Meer   mögen

b   der   → dir
    Leber   lieber
    mehr   mir
    See   Sie

c   schön → Schnee
    hören   sehen
    Öl   Mehl
    Löwe   Leben

d   Tee   → spät
    nehmen   Käse
    lesen   wählen
    denen   Dänen

2 ⊙⊙

Bitte
sprechen Sie

a   Trinken Sie Tee?
     Ich trinke lieber Bier.
     Lesen Sie Krimis?
     Probieren geht über Studieren.

b   Nehmen Sie Öl?
     schöne Hände
     Wer ist der König?
     Ich höre nichts mehr.

c   gute Idee
     Bitte reden Sie!
     sehr wichtig
     Es ist spät, ich gehe.

3 ⊙⊙

Welches Wort
hören Sie?

1 a ☐ leben   4 a ☐ wiegen   7 a ☐ Heer
    b ☐ lieben   b ☐ wegen   b ☐ hör!

2 a ☐ dir   5 a ☐ lesen   8 a ☐ ihr
    b ☐ der   b ☐ lösen   b ☐ er

3 a ☐ See   6 a ☐ Bär   9 a ☐ Räder
    b ☐ Sie   b ☐ Bier   b ☐ röter

4 ⊙⊙

Bitte
sprechen Sie

a   Ich höre das Meer.
     der schöne Weg
     Er redet große Töne.
     Ich sehe eine schöne Rose.

b   Ich rede.
     Ich lese, ich verstehe.
     Ich bitte Sie.
     Liebe ist kein Spiel.

c   ein schönes Mädchen
     Hörst du den Löwen?
     Wir lösen das Rätsel.
     Mögen Sie Tee?

d   dänischer Käse
     Die Gäste nehmen Tee.
     Regen und Schnee
     ein gefährlicher Weg

e   Ich fliege.
     Licht und Leben
     Wind, Schnee, See
     Wir sehen uns wieder.

Kapitel 4

Kernprogramm

1

Unterhaltung

Schüler–Schüler

- ● Wann hören Sie Musik?
- ● Welche Musik? Warum?
- ● Können Sie mit Musik lernen?
- ● Musik überall – in Kaufhäusern, am Strand ... – Was meinen Sie dazu?

2
Lesetext

„Magenkrank nach Songs von Maffay"

Ein Anwalt zeigte den Rockstar wegen Körperverletzung an

ZU LAUT:
Peter Maffay.

sto. **Hannover – Peter Maffay soll vor Gericht. Ein Anwalt aus Hannover: Seine Songs sind zu laut, seine Musik macht krank.**

Anwalt Hermann Bleinroth ärgerte sich über den Lärm eines Open-air-Konzerts bei Hannover. Er glaubte an eine gesundheitliche Gefährdung der Anwohner, weil die Maffay-Lieder noch nach 22 Uhr in einem Radius von 13 Kilometern zu hören waren. Deshalb zeigte er den Troubadour wegen Körperverletzung an.

Bleinroth über die Folgen der lauten Rock-Musik: „Der Herzschlag wird beschleunigt, die Durchblutung herabgesetzt und der Blutdruck erhöht. Tiefe Töne verursachen Magen- und Darmbeschwerden, hohe Töne mehr Kopf-, Nacken- oder Schulterschmerzen."

Empört zeigte Maffays Presse Siggi N „Wenn komm s

trem hörempfindlichen Zeitgenossen nur darauf warten, ob ein Open-air-Konzert drei Minuten länger dauert als erla können wir solche V staltungen verg

Immerhir Staatsan Hannov ei

Abendzeitung
15.7.86

3
Textarbeit

Was steht im Text?

	falsch	richtig	
1	☐	☐	Das Konzert war in der Halle.
2	☐	☐	Das Konzert war im Freien.
3	☐	☐	Der Liedertext war verboten.
4	☐	☐	Die Musik war zu laut.
5	☐	☐	Der Rocksänger war krank.

4
Textarbeit

Ihre Meinung, bitte:

a   Kann Rockmusik krank machen?
b   Darf man nach 22 Uhr noch laute Musik machen?
c   Muß Maffay zahlen?
d   Können Sie bei Musik arbeiten?
e   Lieben Sie Musik? Welche?

5 👓

Kleiner Dialog   A: Dein Peter ist einfach Spitze!

                           B: Wirklich? Weißt du, ich bin froh, wenn das Konzert vorbei ist.

                           A: Warum?

                           B: Weil ich das jeden Tag hören muß!

6

Variation

Dirk: Dein Mann spielt wunderbar!

Inge: Findest du? Ach, ich bin froh, wenn das Fußballspiel vorbei ist.

Dirk: Warum?

Inge: Weil ich _____

7

Variation   Uwe: Dein Mann boxt ja phantastisch! Phantastisch boxt dein Mann!

                     Uta: So? Hm, ich bin froh,

                     Uwe:

                     Uta:

8

Elemente   *KONJUNKTIONEN*

Frage:	*Antwort:*
warum? (kausal)	weil …
wann? (konditional)	wenn …

9

Studie

a   Ich bin froh, wenn der Film aus _*ist*_____ .

b   Ich bin glücklich, wenn das Geld _*kommt*_____ .

c   Ich muß leider gehen, weil meine Frau auf mich _____ .

d   Ich bin froh, wenn die langweilige Party zu Ende _____ .

e   Wir sind froh, wenn der Unterricht endlich vorbei _____ .

f   Den Ring schenke ich dir, weil du mir so sympathisch _____ .

g   Ich heirate ihn, weil _____ einen schwarzen Bart hat.

h   Ich liebe _____ schöne Augen hat.

i   _____ Millionär ist.

k   _____ gern habe.

10
Elemente

DER NEBENSATZ

Der Nebensatz
endet mit dem
markierten Verb:

... ,	**wenn der Film aus**	**ist.**
... ,	**wenn ich den Brief geschrieben**	**habe.** *
... ,	**weil ich das jeden Tag hören**	**muß.** *

* Diese Nebensätze haben zwei Verben. Das markierte Verb steht am Ende: muß / habe.

11
Suchen
und finden

mündlich
oder schriftlich

Singen Sie gern?
→ Nein, nur wenn ich Lust habe.

Lesen Sie viel?
Tanzen Sie gern?   Arbeiten Sie viel?
Gehen Sie oft zum Arzt?   Sehen Sie viel fern?
Essen Sie viel?   Schlafen Sie viel?
Gehen Sie oft ins Kino?   Trinken Sie viel?

12
Suchen
und finden

mündlich
oder schriftlich

Mögen Sie Kaffee?
→ Ja, wenn er heiß ist.

Mögen Sie Bier?
Schwimmen Sie gern?   Tanzen Sie gern?
Mögen Sie Fisch?   Trinken Sie Tee?
Lesen Sie gern Krimis?   Hören Sie gern Musik?
Mögen Sie Salat?   Lesen Sie viel Zeitung?

13
Suchen
und finden

mündlich
oder schiftlich

Warum machst du das Fenster auf?

→ Weil es so heiß ist.

Warum gehst du schon so früh ins Bett?
Warum tragen Sie eine Brille?
Warum haben Sie so ein billiges Auto?
Warum machst du den Fernseher aus?
Warum trinkst du den Kaffee nicht?
Warum wollen Sie Krankenschwester werden?
Warum ißt du die Torte nicht?
Warum wollen Sie studieren?
Warum sind Sie nicht verheiratet?

14
Elemente

HAUPTSATZ UND NEBENSATZ

I   II

Ich	**mache**	**das Fenster auf.**
Gestern abend	**habe**	**ich das Fenster aufgemacht.**
Bei dieser Hitze	**muß**	**ich das Fenster aufmachen.**
Wenn es so heiß ist,	**muß**	**ich das Fenster aufmachen.**

Nebensatz →

Hauptsatz: Auf Position II steht immer das markierte Verb.

15
Studie

a Sie haben Durst? Trinken Sie Apfelsaft!

Wenn Sie Durst haben, trinken Sie Apfelsaft!

b Sie wollen dick werden? Essen Sie Spaghetti!
c Sie sind müde? Trinken Sie einen Kaffee!
d Sie hassen den Chef? Suchen Sie sich eine andere Arbeit!
e Sie wollen krank werden? Rauchen Sie Zigaretten!
f Sie wollen schlank bleiben? Essen Sie die Hälfte!
g Sie wollen Deutsch lernen? Lesen Sie deutsche Zeitungen!
h Sie wollen einen schlechten Film sehen? Gehen Sie ins Kino in ...

16
Werkstatt

*Produzieren Sie
kleine Dialoge:*

A: Schnell, schnell! Hast du dich schon gewaschen?
B: Ich kann mich doch nicht waschen, wenn Dietrich in der Badewanne sitzt!

A: Schnell, schnell! Hast du schon ...

> duschen
> kämmen
> schminken
> anziehen
> fönen
> frühstücken
> Sandalen anziehen
> Kaffee kochen
> Katze Milch geben
> Schuhe putzen
> Claudia wecken
> Brötchen holen

B: Ich kann doch nicht ... , wenn ...

> Kaffee ist alle
> Schuhkrem ist weg
> Läden sind noch zu
> schläft so tief
> Kamm ist verschwunden
> Bad ist besetzt
> Sandalen sind weg
> Katze ist nicht heimgekommen
> es gibt kein warmes Wasser
> Susi duscht stundenlang

17
Suchen und finden

mündlich oder schriftlich

Der Pudding ist gut!
  → Klar, weil ich ihn selber gekocht habe.
Das Fenster ist sauber!
  → Klar, weil ich es selber geputzt habe.
Das Kleid ist schön!
Die Marmelade ist ausgezeichnet!
Die Treppe ist sauber!
Das Bild ist schön!
Ihre Haare sind schön!
Die Fotos sind gut!
Der Kuchen schmeckt gut!
Ausgezeichneter Kaffee!

18 👓
Szene

Ingenieur: Ich gehe.
Direktor: Auf Wiedersehen.
Ingenieur: Sie haben mich nicht richtig verstanden, Herr Direktor. Ich gehe und komme nicht wieder.
Direktor: Sie kündigen?
Ingenieur: Genau.
Direktor: Und darf ich vielleicht wissen, warum?
Ingenieur: Weil ich zu wenig Gehalt bekomme und zu wenig Urlaub, weil ich so viel unnötiges bürokratisches Zeug machen muß, weil mir die ganze Arbeit nicht gefällt und überhaupt, weil Sie hier im Haus ein miserables Klima haben, Herr Direktor. Auf Wiedersehen.

19
Studie

mündlich oder schriftlich

a   Die Arbeit ist langweilig.

Ich kündige, weil die Arbeit langweilig ist.

b   Der Chef ist unsympathisch.
c   Der Weg zur Arbeit ist zu weit.
d   Die Arbeit interessiert mich nicht.
e   Die Kollegen sind nicht nett.
f   Die Arbeitszeit ist zu lang.
g   Ich bekomme zu wenig Geld.
h   Der Job gefällt mir nicht.
i   Ich bekomme zu wenig Urlaub.
k   Die ganze Firma paßt mir nicht.

20 ⦿⦿
Hören und
verstehen

Woher kommen diese Leute? Bitte antworten Sie in korrektem Deutsch.

Weitere Materialien zur Auswahl

21
Kontrolle

*Nehmen Sie ein Blatt Papier. Bitte antworten Sie „Ja, weil..." oder „Ja, wenn..."
oder „Nein, weil..."*

a Treiben Sie Sport?   – Ja, weil ich gesund bleiben will.
                                   – Nein, weil ich unsportlich bin.
                                   – Ja, wenn ich Lust habe.
b Lesen Sie viel Zeitung?
c Haben Sie eine Pistole?
d Stehen Sie meistens früh auf?
e Interessieren Sie sich für Computertechnik?
f Haben Sie manchmal Angst?   k Rauchen Sie Haschisch?
g Gehen Sie gern ins Kino?   l Interessieren Sie sich für Autos?
h Lieben Sie Hunde?   m Sind Sie manchmal nervös?
i Wollen Sie heiraten?   n Kaufen Sie viele Bücher?   12 Lösungen

Duisburg: Dreigiebelhaus, 16. Jahrhundert

Kreuzgang des Stiftes St. Johann. Duisburg-Hamborn

Duisburg, der größte Binnenhafen der Erde, liegt am Zusammenfluß von Rhein und Ruhr. Die Stadt ist aus fünf Städten zusammengewachsen: Alt-Duisburg, Hamborn, Meiderich, Rheinhausen, Ruhrort. Duisburg hat heute 528000 Einwohner. (80000 Arbeitslose haben die Stadt seit 1980 verlassen.)

Das Bild auf dem Einband dieses Buches „Duisburger Hafen" von August Macke ist 1914 entstanden. Es hängt im Kunstmuseum Bern.

22
Lesetext

eingeführt als
Lückendiktat
(Diktattext im
Lehrerheft)

Die _____ Weiß ist hier unbekannt. Es gibt alle _____ Farben, aber alle sind mit Grau vermischt. Schön ist Duisburg, die große _____ am Niederrhein, sicher nicht. Nur die Duisburger lieben diese Stadt, ihren Schmutz, ihre _____ , ihre Kneipen. Sie lieben die Hafenromantik, die City mit den _____ und Cafés, den _____ Duisburger Zoo. Duisburg hat alle Probleme einer _____ Industriestadt: Luftverschmutzung, Arbeitslosigkeit und _____ Schulden. Die Stadt ist 1100 _____ alt. Heute ist Duisburg der _____ Binnenhafen der Welt. 10 Lösungen

23
Textarbeit

Steht das im Text?

	ja	nein	
a	☐	☐	Duisburg hat einen riesigen Hafen.
b	☐	☐	Duisburg ist die älteste deutsche Stadt.
c	☐	☐	In Duisburg haben alle Menschen Arbeit.
d	☐	☐	Die Stadt Duisburg hat hohe Schulden.
e	☐	☐	Duisburg ist die schmutzigste deutsche Stadt.
f	☐	☐	Der Duisburger Zoo ist sehr bekannt.
g	☐	☐	Duisburg liegt am Niederrhein.

24
Unterhaltung
Schreibschule
Redeübung

Erzählen Sie von Ihrer Heimatstadt. Sprechen Sie über:

● die ökologischen Probleme der Stadt
● die Verkehrsprobleme der Stadt
● die sozialen Probleme der Stadt
● das kulturelle Leben
● Treffpunkte
● die Stadt und ihr „Hinterland"

Schwerpunkt Wirtschaftsdeutsch (B)

25
Unterhaltung

Wovon lebt ein Land?
Wovon lebt die Wirtschaft eines Landes?

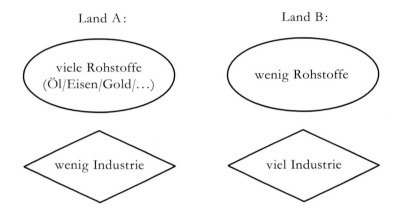

Land A: Land B:

viele Rohstoffe
(Öl/Eisen/Gold/...)   wenig Rohstoffe

wenig Industrie   viel Industrie

a   Land A importiert   viele industrielle Produkte.

b   Land A exportiert   _____

c   Land B importiert   _____

d   Land B exportiert   _____

26
Unterhaltung

Schüler – Schüler

a   Mittelamerika exportiert Bananen, weil
b   Finnland importiert Flugzeuge, weil
c   Die Schweiz exportiert Uhren, weil
d
e
...

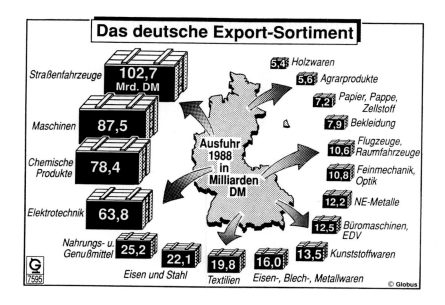

Das deutsche Export-Sortiment

Straßenfahrzeuge 102,7 Mrd. DM

Maschinen 87,5

Chemische Produkte 78,4

Elektrotechnik 63,8

Nahrungs- u. Genußmittel 25,2

Eisen und Stahl 22,1

Textilien 19,8

Eisen-, Blech-, Metallwaren 16,0

Kunststoffwaren 13,5

Büromaschinen, EDV 12,5

NE-Metalle 12,2

Feinmechanik, Optik 10,8

Flugzeuge, Raumfahrzeuge 10,6

Bekleidung 7,9

Papier, Pappe, Zellstoff 7,2

Agrarprodukte 5,6

Holzwaren 5,4

Ausfuhr 1988 in Milliarden DM

© Globus

27

Lesetext

Die Bundesrepublik exportiert Maschinen (17% der gesamten Ausfuhr), Autos (20%), chemische Produkte (15%) und elektrotechnische Produkte (12%). Die Bundesrepublik importiert Nahrungsmittel, Erdöl, Erdgas, Holz und Papier.

Schon immer hat Deutschland vor allem fertige Produkte exportiert (vor dem Ersten Weltkrieg vor allem Textilien) und Rohstoffe importiert.

Das Exportvolumen ist von 8,4 Milliarden DM (1950) auf 461 Milliarden DM (1986) gestiegen, das Importvolumen von 11,4 (1950) auf 359 Milliarden DM (1986).

28

Unterhaltung

a   Die Bundesrepublik kann ohne Einfuhr nicht leben, warum?

b   Die Bundesrepublik führt fast keine Rohstoffe aus, warum?

c   Die Wirtschaft der Bundesrepublik ist sehr stark abhängig vom Außenhandel. Hat das auch Nachteile?

Phonetisches Zwischenspiel

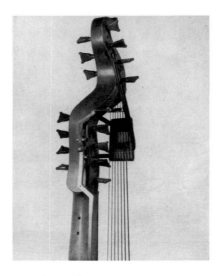

e ohne Akzent
er am Wortende

1
Elemente

e ohne Akzent [ə]

Wir schreiben das **e** ohne Akzent mit dem Buchstaben e, aber es klingt nicht wie ein e. Es ist ein neutraler Vokal. Es hat keine Vokalfarbe. Es klingt ähnlich wie ein kurzes, sehr schwaches ö:

Ich schreibe.
Ich habe gefragt.

2 ⊙⊙
Bitte
sprechen Sie

a Ich habe eine kleine Frage.
Ich warte schon eine ganze Stunde.
Ich habe drei Briefe geschrieben.
Sind Sie mit der Reisegesellschaft gekommen?

b Haben Sie alkoholfreie Getränke?
Ich möchte gerne bezahlen.
Ich habe tolle Briefe bekommen.
Hier haben Sie meine genaue Adresse.

3
Elemente

er am Wortende [ɐ]

Am Ende des Wortes sprechen wir **er** wie ein kurzes a. Wir sprechen hier meistens kein r. Das kurze a klingt ähnlich wie das kurze [ə], aber dunkler. Wir sprechen dieses a fast ohne Luftstrom, sehr schwach:

Sommer   aber   Italiener

4 ⊙⊙
Bitte
sprechen Sie

a   Wo ist das Sommertheater?
Ich möchte bitte am Fenster sitzen.
Können Sie noch ein Messer bringen?
Hier ist unser Badezimmer.

b   Da kommen die jungen Künstler.
das beste Orchester in Bayern
das typische Winterwetter
ein schwarzer Revolver

c   Sind Sie Engländer oder Franzose?
Ich bin Norweger.
Bitte noch zwanzig Meter weiter!
Leider gibt es keine Butter mehr.

d   Herr Ober, noch eine Flasche Mineralwasser.
Bitte, ich trage den Koffer.
Hast du deine Schwester gefragt?
Ich trinke lieber Wasser.

1

2

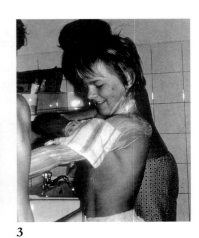

3

4

5

6

7

8

Kapitel 5

Kernprogramm

1 ⊙⊙
Bild-
geschichte R

UNSERE WOHNUNG

1 In diesem Haus, im ersten Stock wohnen wir. Rechts oben, hinter dem Fenster ist unsere Küche.

2 Jetzt sind wir in der Küche. An der Wand hängt ein Brett mit Tellern, Tassen, Gläsern. Möchten Sie sich die Hände waschen? Bitte –

3 Hier ist unser Bad. Entschuldigung, hier im Bad sind gerade alle unsere Kinder.

4 Kommen Sie in das rote Zimmer!

5 Das sind unsere Bücher, und das ist unsere Katze Mimi. Sie gehört auch zur Familie. Sie interessiert sich sehr für Literatur.

6 Unsere Tochter hat heute Geburtstag. Der Geburtstagskuchen steht schon auf dem Tisch. Über dem Tisch hängt eine Sonne aus Papier. Darf ich Sie noch ins Nebenzimmer führen?

7 O Verzeihung! Unsere Gäste liegen noch im Bett und schlafen.

8 Heute am Samstag hängt die frische Wäsche im Zimmer. Ich hoffe, das stört Sie nicht.

2

Studie

Fragen Sie wo *oder* wohin:

a _Wo wohnen Sie_____? – In der Luisenstraße.

b _____? – Das Bad ist hier rechts.

c _____? – Mimi? Die sitzt unter dem Tisch.

d _____? – Ich gehe schnell in den Keller, Wein holen.

e _____? – Die Zeitung? Die liegt wahrschein- lich auf meinem Schreibtisch.

f _____? – Die Kinder sind alle im Bad.

g _____? – Wir gehen in die Bibliothek.

h _____? – Er sitzt in dem roten Zimmer.

i _____? – Ich gehe zum Schwimmen.

k _____? – Wir studieren in Heidelberg.

3

Analyse

wohin?	wo?
Ich gehe in das rote Zimmer.	Ich sitze in dem roten Zimmer.

Bitte notieren Sie: Akkusativ oder Dativ?

wohin?	**wo?**
Präposition + _____	*Präposition +* _____

4

Studie

Bitte ergänzen Sie den bestimmten Artikel:

a Mimi sitzt in __der__ Küche.

b Ich wohne in _____ Schloßstraße.

70

d   Bitte kommen Sie in _____ rote Zimmer!

e   Wir wohnen hier in _____ alten Haus.

f   Die Kaffeekanne steht in _____ blauen Schrank.

g   Kommen Sie bitte in _____ Küche!

h   In _____ riesigen Bett hast du ja genug Platz.

i   Ich esse jeden Tag in _____ Mensa.

k   Halb eins! Wir gehen schnell in _____ Mensa.

5
Kombination

Wo sind die Teller?	In den Zoo.
Wohin wollen die Kinder?	In der Schweiz.
Wo haben Sie übernachtet?	In die Diskothek.
Wo ist der Hundertmarkschein?	Im Hotel „Halbmond".
Wohin gehen Sie?	Im Sparschwein.
Wo sind Sie zu Hause?	Oben in dem gelben Küchenschrank.

6
Kombination

*Bitte ergänzen Sie
in oder auf
und den Artikel:*

Wohin fahrt ihr in Urlaub?	Bett
Wo ist die Katze?	Baum
Wohin mußt du so schnell?	Badewanne
Wo ist die Schokoladentorte?	Küche
Wo ist Birgit?	Universität
Wohin wollt ihr?	Tisch
	Schweiz
	Oper

7
Suchen
und finden

Wo ist denn die Wurst?
  → In der Küche natürlich.
Wo ist denn die Zahnpasta?
Wo ist denn der Wein?
Wo ist denn mein Pyjama?
Wo ist denn mein Abendkleid?
Wo ist denn die Gartenbank?

Wo sind denn die Tomaten?
Wo ist denn das Wörterbuch?
Wo ist denn die Schreibmaschine?
Wo ist denn die Milch?

8
Elemente

PRÄPOSITIONEN, die < entweder Akkusativ / oder Dativ > verlangen

> Regel: Der Akkusativ nennt das Ziel,
> der Dativ nennt nicht das Ziel.

			ZIEL (wohin?)	ORT (wo?)
an	(1)	Rand	**Wir fahren** *an die* **Nordsee.**	**Cuxhaven liegt** *an der* **Nordsee.**
	(2)	Kontakt	**Ich hänge den Spiegel** *an die* **Wand.**	**Der Spiegel hängt** *an der* **Wand.**
	(3)	Punkt	**Ich stelle den Koffer** *an die* **Bushaltestelle.**	**Der Koffer steht** *an der* **Bushaltestelle.**
				ZEITPUNKT (wann?)
	(4)	Zeitpunkt		*Am Nachmittag* **kommt Sabine.**

	ZIEL (wohin?)	ORT (wo?)
auf	**Mimi springt** *auf den* **Schrank.**	**Mimi sitzt** *auf dem* **Schrank.**

	ZIEL (wohin?)	ORT (wo?)
hinter	**Stellen Sie den Wagen** *hinter das* **Haus!**	*Hinter dem* **Haus** **ist genug Platz.**

	ZIEL (wohin?)	ORT (wo?)
in	**Ich gieße Tee** *in die* **Tasse.**	*In der* **Tasse** **ist heißer Tee.**

ZEITPUNKT

(1) Zukünftiger Zeitpunkt
Ich komme *in drei* **Wochen.**

(2) Ungenaue Zeitangabe
In der **Nacht,** *im* **Juli**
in den **nächsten Tagen,**

	ZIEL (wohin?)	ORT (wo?)
neben	**Darf ich mich** *neben Sie* **setzen?**	**Der Mann** *neben mir* **hustet pausenlos.**

	ZIEL (wohin?)	ORT (wo?)
über		
(1) **über** = höher	**Ich hänge die Lampe** *über den* **Tisch.**	**Die Lampe hängt** *über dem* **Tisch.**
	WEG (wie?)	
(2) **über** = quer	**Vorsicht, wenn du** *über die* **Straße gehst!**	
	Der Zug München-Stuttgart fährt *über Ulm*.	

	ZIEL (wohin?)	ORT (wo?)
unter		
(1) **unter** = tiefer	**Der Hund legt sich** *unter den* **Tisch.**	**Der Hund liegt** *unter dem* **Tisch.**
(2) **unter** = zwischen	**Er setzt sich** *unter die* **Zuschauer.**	**Er sitzt** *unter den* **Zuschauern.**

	ZIEL (wohin?)	ORT (wo?)
vor	**Er hält mir die Rechnung** *vor die* **Nase.**	**Es ist so neblig, ich sehe kaum die Hand** *vor den* **Augen.**
		ZEIT (wann?)
		Vor dem **Frühstück läuft er um den See.**

	ZIEL (wohin?)	ORT (wo?)
zwischen	**Ich setze mich** *zwischen die beiden* **dicken Tanten.**	**Die Mensa ist** *zwischen der* **Uni und** *dem* **Botanischen Garten.**
		ZEIT (wann?)
		Zwischen **acht und neun Uhr.**

73

9
Analyse

Finden Sie die Kurzformen selbst:

aus	← an das
_____	← auf das
_____	← in das
_____	← vor das
_am_	← an dem
_____	← in dem

10
Studie

Bitte ergänzen Sie Präposition + Artikel oder die Kurzform der Präposition:

a   Die Gläser stehen _____ Schrank.

b   Das blaue Bild hängt _____ _____ Wand.

c   Die Puppe sitzt _____ _____ Tischchen.

d   Bitte, kannst du mir das Telefon _____ Schlafzimmer bringen?

e   Die Briefmarken sind sicher _____ _____ Schreibtisch.

f   Wo ist der Papagei? Er sitzt _____ _____ Torte.

g   Ich möchte gern _____ Bett frühstücken.

h   Wo ist das Geld? Hast du es _____ _____ Papierkorb geworfen?

11

Darstellung

mündlich oder
schriftlich

Beschreiben Sie bitte die Bilder auf dieser Seite genau.

12
Suchen
und finden

DIESE EWIGE SUCHEREI!

A: Wo ist wieder mein Schirm?
B: Steht er vielleicht in der Garderobe?
A: Da ist er nicht.
B: Dann ist er bestimmt im Auto.

Wo ...?	... vielleicht?	... bestimmt!
die Zeitung	die Jacke	die Straßenbahn
die Fahrkarte	das Arbeitszimmer	die Tür
der Hut	die Garderobe	das Kopfkissen
Sabine	die Badewanne	der Boden
die Brille	der Garten	der Friseur
das Geld	die Couch	das Auto
die Kinder	das Regal	die Nase
die Mütze	die Treppe	der Baum
der Kanarienvogel	die Nachbarin	das Bad
die Schuhe	das Bett	der Spielplatz
der Paß	die Handtasche	der Kopf
die Schildkröte	der Koffer	das Café
...	...	...

13
Suchen
und finden

Wo ist Carola?
→ Sicher bei ihren Eltern.

Wohin geht Herr Hirsch?
→ Sicher in die Kantine.

Wohin läuft die Katze?   Wohin geht der Bankräuber?
Wo ist die Bibliothekarin?   Wo ist Susi?
Wo ist Herr Zeiss?   Wohin fliegt der Kanarienvogel?
Wo ist der Koch?   Wo ist der Kapitän?

14 ⌾⌾
Kleiner Dialog

Karl: Wohin gehst du?
Kurt: Ich gehe in die Mensa.
Karl: Was gibt es heute in der Mensa?
Kurt: In der Mensa gibt es heute Bratwurst!
Karl: Dann komme ich mit.

15
Kombination

Wohin gehen Sie?
Wohin geht ihr?
Wohin gehst du?

Gasthaus „Harmonie"
Restaurant „Roma"
Hotel „Stern"
Restaurant „Rose"
Gasthaus „Halbmond"
Kantine

Pizza
Fisch
Hühnchen
Spaghetti
Schnitzel

16 ⊙⊙
Szene

Frau Salz: Verzeihung, Herr Hering, ist der Platz neben _____ noch frei?

Herr Hering: Ja.

Frau Salz: Kann ich mich neben _____ setzen?

Herr Hering: Klar, ich tu die Mappe weg.

Frau Salz: Heute ist es wieder furchtbar voll in _____ Kantine.

Herr Hering: Immer wenn ich in _____ Kantine komme, ist es furchtbar voll.

Frau Salz: Hühnersuppe steht auf _____ Speisekarte.

Herr Hering: Hühnersuppe? Da bin ich ja gespannt! Guten Appetit, Frau Salz.

Frau Salz: Guten Appetit, Herr Hering.

Herr Hering: Finden Sie vielleicht ein Stückchen Huhn in _____ Suppe? Ich nicht.

Frau Salz: Moment! Hier in _____ Tasse schwimmt wirklich ein Stückchen Huhn.

Herr Hering: So eine Überraschung!

17
Variation

Hans: Ist der Platz zwischen *euch* noch frei?

Gitti: Bitte.

Gustav: Komm, setz dich zwischen _____ !

Hans: Zwischen _____ , da schmeckt es mir doppelt!

Gitti: Danke!

Gustav: Heute ist es wieder so voll _____ _____ Mensa!

Hans: Immer wenn ich _____ _____ Mensa komme, _____ .

Gitti: Rindfleischsuppe gibt es heute.

Hans: Rindfleischsuppe? Da bin ich aber gespannt!

Gustav: Findet ihr _____ ?

Gitti: _____ .

18
Variation

Herr Hirsch: Entschuldigung, ist neben _____ noch ein Platz frei?
Frau Horn: Ja.

Herr Hirsch: Darf ich mich neben _____ setzen, Frau Horn?
Frau Horn: Natürlich.

Herr Hirsch: Warum ist es heute so voll in _____ Konditorei?

Frau Horn: Immer wenn ich in _____Konditorei komme,

_____ .

19
Suchen
und finden

Pfeffer in der Suppe – schmeckt ausgezeichnet!
→ Ich tu auch immer Pfeffer in die Suppe.
→ Ich tu nie Pfeffer in die Suppe.

Zitrone im Salat – schmeckt ausgezeichnet.
Tomatenmark auf dem Brot – schmeckt ausgezeichnet.
Rum im Tee – schmeckt ausgezeichnet.

Käse im Salat – schmeckt ausgezeichnet.
Paprika in der Suppe – schmeckt ausgezeichnet.
Cognac im Kaffee – schmeckt ausgezeichnet.
Olivenöl im Salat – schmeckt ausgezeichnet.
Leberwurst auf dem Brot – schmeckt ausgezeichnet.
Sahne im Tee – schmeckt ausgezeichnet.

20
Suchen
und finden

Du, in dem Café sitzt mein Chef.
→ Dann setzen wir uns nicht in das Café.
Du, der Bus ist aber voll!
→ Dann fahren wir nicht mit dem Bus.
Ein eiskaltes Zimmer!
Auf der Bank sitzt ein Liebespaar.
Das ist ein richtiges Revolverkino.
An dem Tisch sitzt mein Professor!
Die Straßenbahn ist aber voll!

21
Suchen
und finden

Gehen wir in das Café?
→ Ach, in dem Café ist es immer so laut.
Kommst du mit in das Restaurant?
→ Ach, in dem Restaurant ißt man so schlecht.
Gehn wir in die Diskothek?
Wir essen in der Kantine, ja?   Möchtest du mit in die Kirche?
Da kenne ich ein gutes Gasthaus.   Wer geht mit ins Hallenbad?
Kommen Sie mit in die Mensa?   Ich geh heute abend ins Kino,
Wir setzen uns in den Garten.   kommt ihr mit?

22
Suchen
und finden

Schmeckt Ihnen der Tee?
→ Ja, ein guter Tee.
→ Nein, kein guter Tee.
Gefallen Ihnen die Blumen?
→ Ja, schöne Blumen.
→ Nein, keine schönen Blumen.
Gefällt Ihnen der Laden?   Gefallen Ihnen die Fotos?
Schmeckt Ihnen das Eis?   Schmeckt Ihnen der Kuchen?
Schmecken Ihnen die Bonbons?   Schmecken Ihnen die Pralinen?
Gefällt Ihnen der Raum?   Gefallen Ihnen die Rosen?

23

Elemente   *DIE NOMENGRUPPE*

(Wiederholung)

	SINGULAR			PLURAL
	maskulin	feminin	neutrum	
NOM	der Kuchen guter Kuchen der gute Kuchen ein guter Kuchen	die Schokolade teure Schokolade die teure Schokolade eine teure Schokolade	das Eis frisches Eis das frische Eis ein frisches Eis	die Rosen rote Rosen die roten Rosen
AKK	den Kuchen guten Kuchen den guten Kuchen einen guten Kuchen			
DAT	dem Kuchen gutem Kuchen dem guten Kuchen einem guten Kuchen	der Schokolade teurer Schokolade der teuren Schokolade einer teuren Schokolade	dem Eis frischem Eis dem frischen Eis einem frischen Eis	den Rosen roten Rosen den roten Rosen
GEN	des Kuchens guten Kuchens des guten Kuchens eines guten Kuchens		des Eises frischen Eises des frischen Eises eines frischen Eises	der Rosen roter Rosen der roten Rosen

24

Suchen
und finden

Der englische Kuchen ist aber gut!

→ Den englischen Kuchen backe ich immer selber.

Das gemischte Kompott ist aber gut!   Die französischen Pasteten sind aber gut!

Der frische Orangensaft ist aber gut!   Der italienische Salat ist aber gut!

Die kleinen Törtchen sind aber gut!   Das dunkle Brot ist aber gut!

Der gemischte Obstkuchen ist aber gut!   Der griechische Salat ist aber gut!

     Das helle Brot ist aber gut!

25 ⊙⊙

Szene   *Ergänzen Sie bitte die Adjektive:*

Gast: Der Salat schmeckt wirklich phantastisch. Woher haben Sie den?

Julia: Den _____ Salat? Selber gemacht.
             (griechisch)

Gast: Ausgezeichnet! Und die _____ Pasteten! Wo kriegt man
(verschieden)

denn die?

Julia: Die _____ Pasteten? Selber gemacht.
(kalt)

Gast: Und die Käsetorte? Auch selber gemacht? Unmöglich.

Julia: Natürlich. Die machen wir immer selber, die _____ Käsetorte.
(spanisch)

Gast: Also Sie sind wirklich eine Super-Hausfrau! Mein Kompliment!

Julia: Hugo, hörst du, was du bist?

Hugo: Danke.

Julia: Wir sind nämlich eine moderne Familie. Hier kocht der Mann.

26
Ihre Rolle,
bitte

Führen Sie ähnliche Gespräche zwischen Gast und Gastgeber. Beschreiben Sie
ein wundervolles Essen
ein miserables Getränk
ein katastrophales Essen
ein herrliches Haus
ein ausgezeichnetes Getränk!

27
Kombination

Beispiel: Ich ziehe eine billige Jugendherberge einem teuren Hotel vor.

ein frischer Orangensaft	die laute Großstadt
die blaue Adria	der dicke Hans
ein interessantes Theaterstück	die deutschen Kartoffeln
ein gutes Hähnchen	die kalte Nordsee
ein süßer Joghurt	ein schlechter Kaffee
dein sympathischer Bruder	ein blutiges Steak
das ruhige Dorf	ein schwerer Rotwein
die italienischen Spaghetti	ein langweiliger Fernsehabend

28 ⊙⊙
Hören und
verstehen

1 Wo sind wir?
2 Wie viele Leute spielen mit?
3 Was ist das Problem?

Weitere Materialien zur Auswahl

29
Spiel

Jeder denkt an seine Lieblingsspeise. Die anderen erraten die Speise durch Fragen: Ist die Speise teuer – scharf – vitaminreich – kompliziert – selten – rot – kalt ... Das gleiche Spiel mit dem Lieblingsgetränk.

30
Kombination

Beispiel: Der Affe lebt am liebsten auf dem Baum.

der Delphin	der Fluß
die Kuh	das Fernsehen
der Bürokrat	das Bett
das Krokodil	die Wüste
der Rennfahrer	das Eis
das Kamel	das Büro
der Faule	das Meer
der Politiker	die Wiese
der Eisbär	das Auto
die Maus	die Küche

31
Suchen
und finden

Wo *liegt/wächst/steht*

der beste Rotwein?	die bekannteste Spielbank?
die Freiheitsstatue?	die Hauptstadt Österreichs?
die „Mauer"?	der beste Tabak?
das älteste Theater?	Ihr Sprachinstitut?
die Hauptstadt der Bundesrepublik?	die Sphinx?
das Eskimo-Iglu?	der Kurfürstendamm?
Innsbruck?	der Lotos?
das älteste Parlament?	Acapulco?
der Fujiyama?	Moskau?

32
Werkstatt

in kleinen Gruppen

Gehen Sie in eine Bibliothek und finden Sie in Büchern, Zeitschriften, Illustrierten Bilder von Häusern aus verschiedenen Ländern und Kontinenten. Machen Sie eine große Zeichnung oder Collage, vergleichen Sie die Häuser.

33

**Unterhaltung
Schreibschule**

Unsere Fotos zeigen
- eine moderne Messehalle in Hamburg (Entwurf Frei Otto)
- eine Karawanserei im Nord-Iran
- ein Café auf einer Flußinsel in Mexiko
- ein niedersächsisches Bauernhaus
- eine Indianersiedlung.

a   Beschreiben Sie diese Bauwerke.
b   Wer lebt in diesen Häusern? Wie leben diese Menschen?
c   Möchten Sie in einem dieser Häuser leben? Warum? Warum nicht?
d   Gefallen Ihnen diese Häuser? Warum? Warum nicht?

34

Unterhaltung

frei oder im
Anschluß an
Nummer 33

a   Beschreiben Sie das interessanteste/älteste/ärmste/modernste Haus, das Sie kennen.
b   Die Menschen im Osten/Westen/Norden/Süden bauen ganz verschieden. Finden Sie mehrere Gründe.
c   Moderne Architekten bauen oft Häuser mit möglichst wenig Türen. Nachteile? Vorteile?

35
Kontrolle

a   Hier _____ Österreich gibt es _____ jeder Kirche ein Gasthaus.

b   Ich warte _____ Eingang auf Sie.

c   Um sieben kommt er. Jetzt ist es zehn _____ sieben.

d   Hier, _____ _____ Terrasse ist ein Tisch frei. Setzen wir uns
_____ _____ Terrasse?

e   Möchten Sie einen Aperitif _____ _____ Essen? Campari?
Portwein?

f   Ich nehme ein Schnitzel _____ Reis und Champignons.

g   Wann sehen wir uns wieder? _____ einer Woche?   12 Lösungen

Phonetisches Zwischenspiel

ng / ig / ich

1
Elemente
ng

ng sprechen wir als Nasal. Das g hören wir nicht, auch nicht am Wortende:

jung   eng   Zeitung   Wohnung

2 ʘʘ
Bitte
hören Sie

singen   →   sinken   →   singen
lang   lenken   lang
schwingen   schwanken   schwingen

3 ʘʘ
Bitte
sprechen Sie

singen   →   sinken   →   singen
Schlange   Schlanke   Schlange
Wangen   wanken   Wangen
lang   lenken   lang
dringen   trinken   dringen
Engel   Enkel   Engel

4 ⊙⊙
Bitte
sprechen Sie

a   Anfang   Übung   Bedeutung   Bewegung
singen   schwingen   klingen
denken   anfangen
singen   sinken

b   eine englische Zeitung
ein enger Ring
ein dunkler Gong
Ich bringe es zur Bank.

c   eine lange Schlange
eine dunkle Nacht
ein enger Weg
Lange habe ich gewartet, dann bin ich heimgegangen.

d   schlank wie ein Engel
wir winken   wir lachen   wir singen
Tausend Dank für den Ring!
ich fange an

5
Elemente
ig / ich

Die Endung **ig** sprechen wir immer wie ich. Wir sprechen also diese Wörter am Wortende gleich:

freundlich   wichtig   höflich   weiblich   lustig

6 ⊙⊙
Bitte
sprechen Sie

friedlich   kindlich   flüssig   freundlich   täglich   richtig   kräftig
zukünftig

7 ⊙⊙
Bitte
sprechen Sie

a   Sprich kräftig und deutlich!
Bist du fertig?
täglich um 20 Uhr
Ich grüße dich herzlich.

b   Der Weg ist schmutzig.
Fahre ich richtig?
nördlich von Zürich
Ich meine es ehrlich.

c   Kommen Sie pünktlich!
Sind Sie ledig?
der alte König
südlich von Venedig

Kapitel 6

Kernprogramm

1
Suchen
und finden

in kleinen Gruppen
in Zusammenarbeit
mit dem Lehrer

(a) *Streichen Sie die Wörter, die keine menschlichen Körperteile bezeichnen.*

(b) *Beschreiben Sie nun die Bewegungen der Kinder.*

der Kopf (Köpfe)	der Rücken	der Daumen (–)
das Auge (n)	die Brust	der Flügel (–)
das Ohr (en)	der Bauch	das Bein (e)
die Nase (n)	die Feder (n)	die Wurzel (n)
das Blatt (Blätter)	der Arm (e)	das Knie (–)
der Mund	die Hand (Hände)	der Fuß (Füße)
die Lippe (n)	der Zweig (e)	die Zehe (n)
der Hals	der Finger (–)	das Rad (Räder)

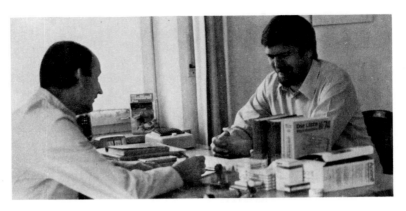

2
Szene

Arzt: Nehmen Sie Platz, Herr Rabe. Was fehlt Ihnen denn?

Patient: Ich habe oft Herzschmerzen.

Arzt: Hm. Sie trinken natürlich viel Kaffee?

Patient: Nur 12 Tassen am Tag, oder 13 oder 14.

Arzt: Aber Herr Rabe! Bitte trinken Sie keinen Kaffee mehr! Rauchen
             Sie?

Patient: Nur 40 Zigaretten oder so.

Arzt: Nur? Bitte _____ !
             Trinken Sie Alkohol?

Patient: _____ .

Arzt: Trinken Sie keinen Alkohol mehr! Sie sind Rechtsanwalt, nicht
             wahr?

Patient: Richter. Das ist es ja. Viel zu viel Arbeit, elf Stunden täglich, dauernd
             die Treppen rauf und runter, und die schlechte Luft im Büro …

Arzt: Bitte arbeiten Sie _____ !

             Steigen Sie _____ !

             Öffnen Sie _____ !
             Können Sie gut schlafen?

Patient: Miserabel. Ich lese jede Nacht einen Krimi.

Arzt: Bitte _____ !

             Und _____ Tabletten.

3

Szene   Ärztin und Patient sind alte Freunde, sie sagen „du".

Patient: Du, mir geht es miserabel.
Ärztin: Du siehst auch nicht gut aus, Peer. Was fehlt dir? Was macht das Herz?
Patient: Oft Schmerzen.

Ärztin: Wieviel Kaffee _____ ?
Patient: So 15 Tassen am Tag.

Ärztin: Du bist verrückt, Peer. Bitte trink _____ .

         Wieviel _____ ?
Patient: _____ Zigaretten.
Ärztin: Peer, bitte rauch nicht mehr! Keine Zigarette! Wie geht's denn deinem Porsche?
Patient: Das ist mein Hobby, Eleonore.

Ärztin: _____ ? 160?
Patient: 200.
Ärztin: Peer, bitte fahr langsam oder besser: geh zu Fuß. Und nimm bitte diese Tabletten, die tun dir bestimmt gut.

4

Elemente   *DER „IMPERATIV" (DIE BITTE)*

	Frage		„Imperativ"
Regel:	kommen Sie?	→	kommen Sie!
	kommst du?	→	kommst du!
	kommen Sie?	→	kommen Sie!
	kommt ihr?	→	kommt ihr!
Ebenso:	gehen Sie?	→	gehen Sie!
	gehst du?	→	geh!
	gehen Sie?	→	gehen Sie!
	geht ihr?	→	geht!

lesen Sie?	→	lesen Sie!
liest du?	→	lies!
lesen Sie?	→	lesen Sie!
lest ihr?	→	lest!

unregelmäßige Verben e/i

Aber:

fahren Sie?	→	fahren Sie!
fährst du?	→	fahr!
fahren Sie?	→	fahren Sie!
fahrt ihr?	→	fahrt!

unregelmäßige Verben a/ä

haben Sie?	→	haben Sie!
hast du?	→	hab!
haben Sie?	→	haben Sie!
habt ihr?	→	habt!

haben

sind Sie?	→	seien Sie!
bist du?	→	sei!
sind Sie?	→	seien Sie!
seid ihr?	→	seid!

sein

atmen Sie?	→	atmen Sie!
atmest du?	→	atme!
atmen Sie?	→	atmen Sie!
atmet ihr?	→	atmet!
öffnen Sie?	→	öffnen Sie!
öffnest du?	→	öffne!
öffnen Sie?	→	öffnen Sie!
öffnet ihr?	→	öffnet!

Verben mit der Endung -men, -nen, -eln, -ern

arbeiten Sie?	→	arbeiten Sie!
arbeitest du?	→	arbeite!
arbeiten Sie?	→	arbeiten Sie!
arbeitet ihr?	→	arbeitet!

Verben, die mit -ten enden

Zur Anwendung siehe auch: GRUNDGRAMMATIK DEUTSCH auf Seite 60

5
Studie

a Du arbeitest zu viel, _____ doch endlich mal Pause!

b Kinder, _____ schnell in den Bus ein!

c _____ keine Angst, der Hund beißt nicht!

d _____ Sie bitte laut, ich verstehe Sie nicht.

e _____ euren Eltern einen Gruß von uns!

f Bitte _____ vorsichtig!

g Ach Hans, _____ mir, ich kann den Koffer nicht alleine tragen.

h Bitte _____ mir nicht böse!

i _____ leise, bitte!

k Gute Nacht, ihr beiden, und _____ gut!

6 ⊙⊙
Bitte
sprechen Sie

Darf ich dich was fragen?
→ Natürlich, frag mich doch!
Kann ich mal anrufen?
Kann ich euch mal besuchen?
Darf ich die Orange nehmen?
Kann ich noch einen Tag hierbleiben?
Darf ich meine Freundin mitbringen?
Darf ich einsteigen?
Kann ich heute nachmittag kommen?
Kann ich mitfahren?

7 ⊙⊙
Bitte
sprechen Sie

Wann darf ich dich abholen?
→ Bitte hol mich gleich ab!
Wann kann ich kommen?
Wann muß ich anfangen?
Wann darf ich den Kaffee bringen?
Wann muß ich anrufen?
Wann kann ich dir das Geld geben?
Wann dürfen wir zu euch kommen?
Wann muß ich zahlen?
Wann muß ich heimkommen?
Wann darf ich das Frühstück bringen?

8
Suchen
und finden

Ich muß jetzt gehen.
→ Bitte bleib noch da!

Wir kommen später.
→ Bitte kommt gleich!

Heute bleib ich im Bett.
Wir kommen nächste Woche zu euch.
Ich bin heute so traurig.
Ich schreibe den Brief morgen.

Jetzt müssen wir leider fahren.
Die Torte, die esse ich ganz allein.
Morgen zahlen wir.
Ich gehe jetzt ins Bett, gute Nacht!

9
Kombination

Beispiel: „Du bist zu nervös."   „Ja, mein Arzt sagt, ich soll in Urlaub gehen."

Du bist zu blaß.
Du bist immer müde.
Du bist so unruhig.
Du bist kurzsichtig
Du bist zu dick.
Du hustest immer.
Du bist so schwach.
Du gehst so krumm.

Sport treiben
weniger arbeiten
Diät essen
nicht rauchen
mehr schlafen
Hustensaft trinken
nicht so viel essen
eine Brille tragen
Tabletten nehmen
keinen Alkohol trinken
Urlaub machen
Obst und Salat essen

10
Elemente

DAS MODALVERB SOLLEN

ich soll Gymnastik machen	wir sollen Gymnastik machen
Sie sollen Gymnastik machen	Sie sollen Gymnastik machen
du sollst Gymnastik machen	ihr sollt Gymnastik machen
er sie } soll Gymnastik machen es	sie sollen Gymnastik machen

11
Suchen
und finden

Joghurt, sagt der Arzt.
→ Ja ja, ich soll Joghurt essen, aber ich tu's nicht.

Orangensaft, sagt der Arzt.
Sport treiben, sagt der Arzt.
Viel schlafen, sagt der Arzt.
Nicht rauchen, sagt der Arzt.
Radfahren, sagt der Arzt.
Zitronensaft, sagt der Arzt.
Keinen Alkohol, sagt der Arzt.
Eine Brille tragen, sagt der Arzt.
Salat essen, sagt der Arzt.

12
Suchen
und finden

Nora arbeitet zu viel.
→ Sag ihr doch, sie soll Urlaub machen.

Nora lebt immer allein.
Nora treibt keinen Sport.   Nora sitzt immer zu Hause.
Nora ist Melancholikerin.   Nora hat keine Freunde.
Nora spart zu viel   Nora ist so blaß.
Nora spricht kein Wort.   Nora ißt zu wenig.

13
Studie

Bitte ergänzen Sie wollen *oder* sollen:

a   Warum essen Sie so wenig? _____ Sie nicht noch eine Orange oder einen Apfel?

b   Hurra, morgen ist frei, da kann ich schlafen, so lange ich _____.

c   Ach Gott, meinst du, ich _____ mir wirklich eine Krawatte umbinden?

d   Toni bittet mich, ich _____ ihm 500 Mark leihen. Aber ich habe selber nur 400.

e   Wie gern würde ich noch 3000 Spaghetti essen! Aber meine Tochter meint, ich

    _____ nicht so viel essen.

f   Am Wochenende bin ich ganz allein. _____ du mich mal besuchen?

g   Aha, du rauchst schon wieder, Arnulf? Und Dr. Samuel hat gesagt, du _____

    nicht mehr rauchen!

h   Katja hat morgen Geburtstag. Wir _____ ihr eine Puppenküche schenken.

93

14
Das richtige
Wort

Woher kommen diese Wörter?

der Augenarzt ← das Auge, der Arzt

die Bauchschmerzen
die Erkältungskrankheit
das Halsweh
der Hautarzt
das Herzmedikament
das Kopfweh
der Kinderarzt
das Kinderkrankenhaus
das Krankenbett
der Unfallarzt
die Unfallstation
die Universitätsklinik
der Zahnarzt
das Zahnweh

Dr. med. H. Sorg Arzt für Frauenheilkunde und Geburtshilfe	Dr. med. K. H. Walther Arzt für Kinderheilkunde	Dr. med. Heike Lippmann Ärztin für Allgemeinmedizin
Mo.-Fr. 9-11 Uhr Mo. Di. Do. 15-17 Uhr Freitag 14-15 Uhr	Mo. Di. Do. Fr. 15-17 Uhr Mo. Mi. Fr. 9-10 Uhr - nur nach Vereinbarung -	Mo.-Fr. 9-11, Mo. Di. Do. 16-18 Uhr Fr. 14-16 Uhr - und nach Vereinbarung -
Dr. med. Rainer Herter Augenarzt	Dr. med. A. Wittke Arzt für Urologie	Dr. med. Max Lippmann Internist
Sprechst. 9-12 und 15-18 Uhr außer Mittwochnachmittag u. Samstag	Mo. Di. Mi. Do. 10-12 Uhr Mo. Do. 16-18, Di. 15-17 Uhr Fr. 10-13³⁰ Uhr - u. nach Vereinbarung -	Mo.-Fr. 10-12, Mo. Di. Do. 16-18 Uhr Fr. 14-16 Uhr - und nach Vereinbarung -
	Dr. med. dent. U. Schulze Zahnärztin	

15
Lesetext   *Bitte wählen Sie die richtigen Wörter:*

Liebe (Frau/Dame) Schubert,

danke für Ihre lieben Grüße aus Fulda! Nun, wann kommen Sie (zu/bei) uns? Wir (wohnen/bleiben) jetzt schon drei Monate hier in unserer neuen Wohnung (auf/in) dem Berg. Ein herrlicher Platz! Der Garten blüht, wir (kön-
5 nen/müssen) fast jeden Morgen im Freien frühstücken! Nehmen Sie doch end-lich Urlaub, (tun/machen) Sie Pause, (bekommen/kommen) Sie, (besuchen/suchen) Sie uns!
Wollen Sie baden? schwimmen? fischen? Wollen Sie reiten (lesen/lernen)? Das gelbe Zimmer unterm Dach wartet auf Sie.
10 Packen Sie den Koffer, (vergessen/verlassen) Sie das Badezeug nicht, kaufen Sie sich eine Fahrkarte und (gehen/steigen) Sie in den Zug ein! Wir holen Sie ab. Wir freuen (uns/sich) sehr auf Sie!

Herzlich
Ihre Familie Münster

16
Schreibschule

Schreiben Sie bitte eine Einladung an einen oder mehrere Freunde, die Sie „du" oder „ihr" nennen. Bitte beachten Sie: Im Brief schreiben Sie „Du" und „Ihr" mit großem Anfangsbuchstaben. Laden Sie Ihren Freund – Ihre Freundin – Ihre Freunde ein in Ihr Land / Ihre Heimatstadt / Ihre Familie.

Wann soll er/sie kommen?
Was soll er/sie mitbringen?
Wo kann er/sie wohnen?
Wie lange kann er/sie bleiben?
Was können wir zusammen tun?
Wie kann er/sie kommen – mit dem Zug, Bus ...?

17 ᴏᴑ
Hören und
verstehen

1   Wann spielt die Szene?
2   Was ist Caspar von Beruf?
3   Wie geht es Hans?
4   Warum will Caspar die Flaschen haben?
5   Warum liest Hans so viele Krimis?
6   Was ist das Hobby von Hans?
7   Warum ist Hans so nervös?
8   Wie finden Sie Caspar?

Weitere Materialien zur Auswahl

ᴏᴑ

Rat an die Schauspielerin C. N.

Erfrische dich, Schwester
An dem Wasser aus dem Kupferkessel mit den Eisstückchen –
Öffne die Augen unter Wasser, wasch sie –
Trockne dich ab mit dem rauhen Tuch und wirf
Einen Blick in ein Buch, das du liebst.
So beginne
Einen schönen und nützlichen Tag.

BERTOLT BRECHT

Der Lyriker, Prosaautor und Theaterdichter Bertolt Brecht ist einer der wichtigsten Meister und Reiniger der deutschen Sprache im 20. Jahrhundert. Das Gedicht (für die Schauspielerin Carola Neher) entstand 1930.

18

Lesetext

eingeführt als
Lückendiktat
(Diktattext im
Lehrerheft)

Wie schwach ist das schwache Geschlecht? Wie mutig ist ein Mann? Die

_____ Statistik widerlegt ein _____ Vorurteil.

_____ Prozent aller Zahnarzt-Patienten sind _____,

_____ Prozent sind Frauen. Nicht weil die Männer die

5 _____ _____ haben. Auch nicht, weil die Frauen

mehr _____ haben. Sondern – das _____ die Statistik

– weil die Männer mehr _____ haben vor dem Zahnarzt.

10 Lösungen

19

Textarbeit

Steht das im Text?

1 Die Männer haben die besseren Zähne. | ja | nein |

2 Die Frauen sind mutiger. | ja | nein |

3 Die Männer gehen seltener zum Zahnarzt. | ja | nein |

4 Die Frauen gehen öfter zum Zahnarzt. | ja | nein |

5 Die Männer sind mutiger. | ja | nein |

6 Die Frauen haben mehr Zeit. | ja | nein |

20

Unterhaltung

a Haben die Leute Angst vor dem Zahnarzt – der Person?

b Tiere oder Menschen können Angst haben. Ist das ein Nachteil oder ein Vorteil? Welche Funktionen hat die Angst?

c Haben Männer generell mehr Angst?

d Gibt es verschiedene Arten von Angst?

e Ihr Kind will nicht zum Zahnarzt. Was machen Sie? Spielen Sie diese Szene.

21

Werkstatt

individuell oder
in kleinen Gruppen
schriftlich oder
mündlich

Beschreiben Sie bitte die Bilder auf Seite 97 genau. Benützen Sie die Wörter auf Seite 87 und auf Seite 94.

22
Machen Sie Vorschläge

Was raten Sie, wenn es Ihrem Freund / Ihrer Freundin schlecht geht? Überlegen Sie (in kleinen Gruppen) mehrere Antworten (auf Kärtchen schreiben?) und tragen Sie Ihre Lösungen dann im Plenum vor.

Beispiel: Ich rate ihm, er soll sich wärmer anziehen.

Er / Sie

hat Kopfweh	hat eine Erkältung
ist immer müde	fühlt sich einsam
hat Fieber	hat Bauchweh
sieht schlecht	ist melancholisch
hat einen Kater	hört schlecht
friert immer	kann nicht schlafen
hat Konzentrationsschwierigkeiten	muß immer husten

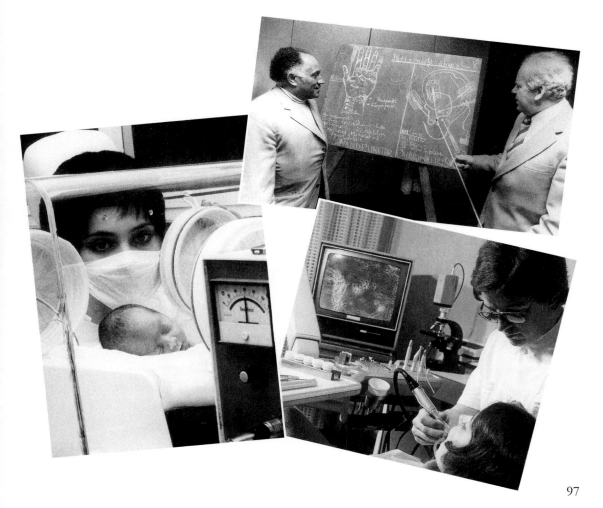

23

Das richtige
Wort

Woher kommen diese Nomen?

Abendkleid	Nebenzimmer
Badehose	Schaufenster
Gartenbank	Schauspieler
Geburtstagskuchen	Sonnenschirm
Herzklopfen	Tischtuch
Liebespaar	Zwetschgenschnaps

24

Kontrolle   *Bitte ergänzen Sie den Imperativ Singular oder Plural:*

a   Deine Schrift kann keiner lesen, _____ bitte deutlicher!

b   Wir haben euch schon so oft eingeladen, _____ doch endlich!

c   _____ rein und mach dir's bequem!

d   Kinder, ich bin gleich fertig, _____ noch einen Moment.

e   _____ keine Angst!

f   Möchtest du hier sitzen, Brigitte? Bitte _____ Platz.

g   Kalt ist es hier! _____ doch bitte das Fenster zu.

h   Ich muß euch eine komplizierte Sache erzählen, bitte _____ mal genau
zu.

Bitte ergänzen Sie wollen *oder* sollen:

i   _____ du noch ein Stück Torte?

k   _____ ich wirklich den Brief schreiben? Ich habe keine Lust.

l   Wir _____ euch eine kleine Freude machen.

m   _____ ich mich wirklich mit diesem Idioten unterhalten?

12 Lösungen

Phonetisches Zwischenspiel

p t k / b d g

1
Elemente

p t k sprechen wir hart, explosiv, mit starkem Luftdruck.
Keine Stimme.

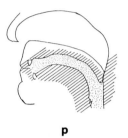
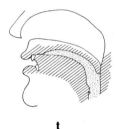

p   **t**   **k**

b d g sprechen wir weich, klingend, mit wenig Druck.

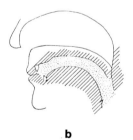

b   **d**   **g**

2 ⊙⊙
Bitte
hören Sie

Bar	→ Paar
Baß	Paß
Ober	Oper
Liebe	Lippe
backen	packen
Biene	Pinie

3 ⊙⊙

Bitte
sprechen Sie

Bar	→	Paar	→	Bar	→	Paar
backen		packen		backen		packen
Ober		Oper		Ober		Oper
Baß		Paß		Baß		Paß
Biene		Pinie		Biene		Pinie
Bach		Pech		Bach		Pech
breit		Preis		breit		Preis
Liebe		Lippe		Liebe		Lippe

4 ⊙⊙

Bitte
sprechen Sie

a   Bestellen Sie die Platzkarten!
    Die Oper beginnt pünktlich.
    Wer repariert die Puppe?
    Das Moped ist kaputt.

b   billige Bücher
    buntes Papier
    Die Bäume blühen.
    eine bittere Pille

c   Liebespaar
    Parkbank
    Postpaket
    Petersplatz

d   Puppenstube
    Brotpreis
    Bauplan
    Postbote

5 ⊙⊙

Bitte
hören Sie

du	→	tu
dir		Tier
leider		Leiter
doch		Tochter
danken		tanken
Boden		Boten
Lieder		Liter
Seide		Seite

6 ⊙⊙

Bitte
sprechen Sie

du	→	tu	→	du	→	tu
Dur		Tour		Dur		Tour
Seide		Seite		Seide		Seite
Lieder		Liter		Lieder		Liter
Dach		Tag		Dach		Tag
danken		tanken		danken		tanken
Boden		Boten		Boden		Boten

7 ⊙⊙

Bitte
sprechen Sie

a Wir tanzen Tango.
   Ein toller Typ!
   Trinken Sie eine Tasse Tee?
   Wir treffen uns täglich am Tennisplatz.

b der deutsche Text
   die kalte Dusche
   der doppelte Boden
   das dumme Tier

8 ⊙⊙

Bitte
hören Sie

Garten	→ Karten
Gasse	Kasse
gern	Kern
wegen	wecken
Gold	Colt
Bagger	Bäcker
Guru	Kur
Dogge	Dock

9 ⊙⊙

Bitte
sprechen Sie

gern	→ Kern →	gern	→ Kern
Gold	Colt	Gold	Colt
Organ	Orkan	Organ	Orkan
Dogge	Dock	Dogge	Dock
Lüge	Lücke	Lüge	Lücke
Garten	Karten	Garten	Karten
galt	kalt	galt	kalt

10 ⊙⊙

Bitte
sprechen Sie

a ein kleines Kind
   ein gescheiter Kopf
   ein gutes Kino
   das kalte Geld

b kurz und gut
   ganz große Klasse
   dunkle Gedanken
   Schmeckt der Kuchen?

c Gartencafé
   Gießkanne
   glasklar
   Kundenkreis

d Kalkwerk
   Liegewagen
   Kernpunkt
   Kaffeegebäck

1

2

3

4

5

6

7

8

Kapitel 7

Materialien zur Auswahl

1 ⊙⊙

Bild-
geschichte S

Ergänzen Sie bitte die Präpositionen:

SCHLESWIG

1 Alte Bauernhöfe _____ einer Nordseeinsel.

2 Über Nacht ist eine Sturmflut gekommen. Die ganze Insel ist _____ Wasser. Man sieht nur noch die Bauernhöfe.

3 Dieses Bauernhaus steht auf dem Festland. Es ist sechshundert Jahre alt.

4 Prächtige Fischerboote liegen _____ Hafen von Husum.

5 Ein heller Nachmittag. Die Kinder sitzen _____ dem Haus _____ der Sonne.

6 Hinter und über den Blumen: das Schloß von Schleswig.

7 _____ Park hinter dem Schloß gibt es uralte Bäume.

8 Schnee ist _____ die Hügel gefallen. Das Land sieht festlich aus _____ weißen Kleid.

Segelboote auf der Kieler Förde

Alter Stadtkern von Schleswig

2
Studie

Bitte ergänzen Sie die Präpositionen und Artikel:

a   Das Leben hier _____ _____ Insel ist schön, aber auch gefährlich.

b   Hier_____ _____ Haus wohnen wir _____ sieben Jahren. Bitte kommen Sie rein, der Schlüssel steckt _____ Schloß!

c   _____ _____ Haus haben wir drei riesige Bäume.

d   Kommen Sie _____ uns _____ _____ Garten!

e   _____ Strand sind es nur fünf Minuten, hören Sie das Meer?

f   Da _____ Strand haben wir viele, viele Muscheln gefunden.

g   Christine reitet _____ ihrem Pferd _____ _____ Wald.

h   Die Wolken ziehen über den Himmel und spiegeln sich _____ Wasser.

i   Eine Brücke führt _____ _____ Kanal. _____ Ufer sitzen alte Fischer _____ _____ Sonne.

1 Schloß Gottorf bei Schleswig
2 Blick über die Schlei auf den
   Schleswiger Dom
3 Hallig Langeneß

3
Darstellung

mündlich oder
schriftlich

Bitte beschreiben Sie die Fotos möglichst genau.

4
Kombination

mündlich oder
schriftlich

Beispiel: Die Rosen blühen im Garten.

Pferd	Baum
Schiff	Sonnenschirm
Ball	Fluß
Vogel	Insel
Mädchen	Wald
Brücke	Gras

Kernprogramm

5

Elemente

stellen / setzen / legen
(wohin?)

a)
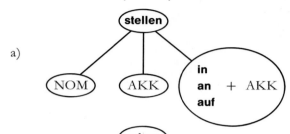

Ich stelle den Tisch in den Garten.
Ich stelle die Rosen auf den Tisch.

b)

Ich setze mich auf den Stuhl.
Ich setze das Kind an den kleinen Tisch.

c)
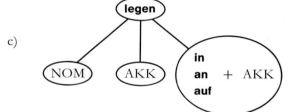

Ich lege das Tuch auf den Tisch.
Ich lege mich in das blaue Bett.

6

Elemente   **stehen / sitzen / liegen**
(wo?)

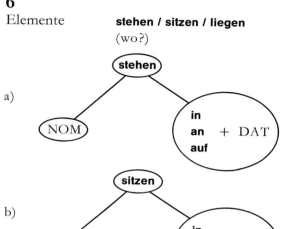

a)

Der Tisch steht im Garten.
Die Rosen stehen auf dem Tisch.

b)

Ich sitze auf dem Stuhl.
Das Kind sitzt an dem kleinen Tisch.

c)

Das Tuch liegt auf dem Tisch.
Ich liege in dem blauen Bett.

7
Studie

a Der Ball? Der liegt hinten _____ _____ Ecke.

b Die Blumen können wir _____ _____ italienische Vase stellen.

c Susi sitzt immer noch _____ _____ Badewanne.

d Komm, das Frühstück steht schon _____ _____ Tisch.

e Die Katze? Die ist _____ _____ Baum gesprungen.

f Hallo! Kommt jetzt alle _____ _____ Garten!

8
Studie

Bitte ergänzen Sie liegen/legen, stehen/stellen, sitzen/setzen, hängen:

a Unser Garten _____ direkt am Meer.

b Peter _____ im Gras und schläft.

c Die kleine Sabine ist erst 10 Monate alt und kann schon _____ .

d Deine Jacke suchst du? Da _____ sie doch am Nagel!

e Wo ist Hans? – Der _____ schon seit 10 Minuten unter der Dusche.

f Der Baum ist ganz voller Äpfel. Da oben _____ mindestens 2 Zentner.

g Komm, Nikolaus, _____ dich zu mir aufs Sofa.

h Kannst du mal die Tomatensuppe aufs Feuer _____ ?

9
Suchen
und finden

Das ist ein weicher Sessel.
→ Ja, in dem Sessel sitzt man gut.

Das ist keine schöne Stadt.
→ Ja, in der Stadt wohne ich nicht gern.

Das ist ein schönes Glas.
Das ist ein kaltes Zimmer.
Das ist ein hartes Bett.
Das ist ein schönes, helles Büro.

Das ist ein interessanter Zoo.
Das ist ein ausgezeichnetes Hotel.
Das ist ein miserabler Stuhl.
Das ist ein wunderschöner Park.

10
Hören und
verstehen

1 Wohin geht das Kind?
2 Wohin gehen die Männer?
3 Wohin geht der Mann?
4 Wohin fährt die Familie?

11
Rätsel

Ergänzen Sie sitzen *oder* setzen:

Ein schöner Mainachmittag im Garten: Unter dem Apfelbaum _____ die schöne Irmgard, und ich _____ mich neben sie. Der Opa _____ in dem großen runden Sessel, ans andere Ende des Tisches _____ sich Peter. Wo sitzt die Oma? Natürlich neben Opa, und nun kommt Corinna, bringt Kaffee und Torte und _____ sich neben Peter. Der letzte ist, wie immer, Paul, der sich zwischen Corinna und die Oma _____. Welcher Platz bleibt leer?

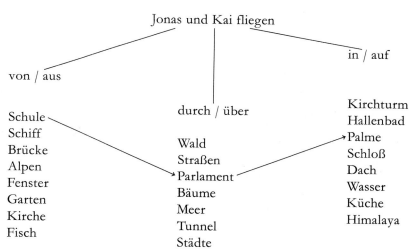

12
Kombination

Jonas und Kai fliegen

von / aus   durch / über   in / auf

Schule		Kirchturm
Schiff		Hallenbad
Brücke	Wald	Palme
Alpen	Straßen	Schloß
Fenster	Parlament	Dach
Garten	Bäume	Wasser
Kirche	Meer	Küche
Fisch	Tunnel	Himalaya
	Städte	

Weitere Materialien zur Auswahl

13
Kombination

»Bei den roten Socken gehen sie nach links, dann geradeaus bis zu der gestreiften Hose, dort biegen Sie rechts ein, und dann...«

Geben Sie ähnliche Wegebeschreibungen!

der Pyjama	das Handtuch	die Hose	die Taschentücher	rot violett blau ...
der Schal	das Kleid	die Bluse	die Hemden	klein groß lang ...
der Strumpf	das Nachthemd	die Mütze	die Strümpfe	gestreift kariert
der Morgenmantel	das Tischtuch	die Unterhose	die Jeans	

14
Kontrolle

Korrigieren Sie diesen Text. Sagen Sie nicht knallen, *sondern* legen, liegen, setzen, sitzen, stellen, stehen, hängen.

„Knallen Sie schon lange hier?" fragt Frau Luft Herrn Glas.

„Ach ja, schon 1$\frac{1}{2}$ Stunden. Wollen Sie sich neben mich knallen?" antwortet Herr Glas. Frau Luft knallt ihren Mantel an die Tür, knallt sich neben ihn auf die Couch und nimmt eine illustrierte Zeitung, die auf dem runden Tischchen knallt.

Der kleine Ingo kommt herein und denkt: „Blöd, da ist kein Stuhl mehr frei. Ich muß knallen." Er knallt seine Schultasche in die Ecke und knallt sich ans Fenster.

„Komm, du kannst bei uns auf der Couch knallen", sagt Frau Luft.

„Danke", sagt Ingo und knallt sich auf die Couch zwischen Herrn Glas und Frau Luft.

10 Lösungen

Schwerpunkt Wirtschaftsdeutsch (C)

WESTDEUTSCHES „WIRTSCHAFTSWUNDER"

- Die Bundesrepublik:
  1949 Gründung eines provisorischen westdeutschen Staates
        („Bundesrepublik Deutschland") unter Kontrolle der Alliierten.
  1955 Politische Souveränität der Bundesrepublik Deutschland.

- Wirtschaftshilfe:
  Amerikanische Wirtschaftshilfe nach 1948: 1,5 Milliarden $.

- Arbeitskräfte:
  In den Jahren 1950–1960 stieg die Zahl der westdeutschen Arbeitnehmer um 50%.

- Produktivität (Sozialprodukt):
  Das reale Sozialprodukt stieg in den Jahren 1950–1968 um 150% pro Einwohner.

- Außenhandel:

	1950	1986	
Einfuhr	11,4	359 ⎫	Milliarden DM
Ausfuhr	8,4	461 ⎭	

Foto 1946

15
Das richtige Wort
(Vorbereitung auf Nummer 16)

Wie heißen die Verben?
Warum sind die Nomen
maskulin/feminin/neutrum?

der Bau
das Blühen
die Bedeutung
die Belohnung
das Geschehen
der Gewinn
die Hilfe
die Überraschung
die Wohnung
die Zerstörung

16
Lesetext

Das Wort „Wunder" hat mindestens drei Bedeutungen: Ein Mirakel, übernatürlich, zum Beispiel die Heilung eines Kranken nur durch Worte. Ein märchenhaft schönes, wundervolles Geschehen, zum Beispiel das Blühen im Frühling. Etwas Phantastisches, Überraschendes, zum Beispiel der Salto eines Akro-
5 baten im Zirkus.

Das westdeutsche „Wirtschaftswunder" ist nichts Übernatürliches, kein Märchen, und auch die Schönheit fehlt. Man kann es eher mit einem Zirkus vergleichen. Es ist ein Produkt von Schnelligkeit und Fleiß, außerdem gehören dazu die bunten Zirkusfarben des deutschen Selbstlobs.

10 Bei Kriegsende (Mai 1945) lag die deutsche Industrie wie ohnmächtig am Boden, zwanzig Jahre später war Westdeutschland das viertgrößte Industrieland der Erde. Wie war diese Explosion möglich?

Alles Alte war zerstört, so konnte die Industrie völlig neu und modern aufbauen und arbeiten. Wie ein Wunder, ein Wundermedikament, wirkte die ame-
15 rikanische Wirtschaftshilfe in den Jahren 1948–1952. Rund 60% der Bevölkerung hatten Heimat oder Wohnung verloren und waren bereit, sehr hart zu arbeiten. Die Wirtschaftspolitik (freier Markt, die Preise orientieren sich am Markt) schuf für die Arbeit konkrete Ziele, schnelle Belohnung und hohen Gewinn.

20 Wie alle Dinge, so hat auch das „Wirtschaftswunder" seine Nachteile. Die westdeutsche Steuerpolitik hilft vor allem denen, die besser verdienen. Materieller Reichtum macht die Menschen materialistisch, vom Materiellen abhängig. Und: Das wirtschaftliche Wachstum zerstört langsam aber sicher die deutsche Natur und Umwelt.

17
Textarbeit

a   Nennen Sie kurz drei Gründe für das westdeutsche „Wirtschaftswunder".

b   Gibt es vielleicht noch andere Gründe?

c   Was ist Selbstlob? Mögliche Gründe?

d   Der wichtigste Nachteil: die Zerstörung der Umwelt. Beschreiben Sie den Zusammenhang zwischen Ökonomie und Ökologie.

e   Kann jemand in Ihrer Gruppe etwas erzählen über ein ähnliches „Wirtschaftswunder", zum Beispiel in Japan, Korea ...?

Phonetisches Zwischenspiel

h

Leonardo da Vinci: Physikalische Skizze

1 👓
Bitte
hören Sie

Ecke →	Hecke
ihr	hier
und	Hund
in	hin

offen	hoffen
Eis	heiß
er	Herr
Art	hart

2 👓
Bitte
sprechen Sie

Hund →	und →	Hund
heiß	Eis	heiß
hier	ihr	hier
hoffen	offen	hoffen
Haus	aus	Haus
halt	alt	halt
her	er	her
Hände	Ende	Hände

113

3 ⊙⊙

Welches Wort
hören Sie?

1 a ☐ er
   b ☐ her

6 a ☐ hier
   b ☐ ihr

2 a ☐ Eis
   b ☐ heiß

7 a ☐ Hände
   b ☐ Ende

3 a ☐ alt
   b ☐ halt

8 a ☐ Art
   b ☐ hart

4 a ☐ hin
   b ☐ in

9 a ☐ eins
   b ☐ Heinz

5 a ☐ Hund
   b ☐ und

10 a ☐ offen
   b ☐ hoffen

4 ⊙⊙

Bitte
sprechen Sie

a Mein Herr, wie heißen Sie?
   Hören Sie auf!
   Hilfe! Ich habe Angst!
   Hallo, hören Sie?

b Hand in Hand
   Himmel und Hölle
   ein unhöflicher Herr
   Ich heiße Hans.

5

Elemente   **h**

Oft bezeichnet **h** im Wort nur den langen Vokal (Ahnung, froh). Hier sprechen
wir das **h** nicht.

6 ⊙⊙

Bitte   Haus   → Ahnung
hören Sie   Hund   Schuh
               unterhalten   nehmen
               wiederholen   ihr

7 ⊙⊙

Bitte
sprechen Sie

a   Bitte halten Sie an!
am Eingang des Hotels
Ich habe keine Ahnung.
Hören Sie alles?

b   Armbanduhr
Handschuh
Hausarzt
Erholung

c   Heißhunger
Hochzeitsessen
Hotelempfang
Hofhund

d   Hauptbahnhof
Abendhimmel
Arzthelferin
Augen und Ohren

1

2

3

4

5

6

7

8

Kapitel 8

Materialien zur Auswahl

LEUTE
Bitte setzen Sie die Adjektive ein:

1 Von oben sehen sie aus wie _____ Marionetten. Aber
   (klein/winzig)

   es sind Menschen. Jeder trägt sein Glück oder sein Unglück mit sich

   herum.

2 Zum Beispiel diese _____ Dame. Natürlich ist
   (jung/sympathisch)

   sie _____ . Denn sie feiert heute Hochzeit.
   (froh/glücklich)

3 Oder die _____ Bäuerin. Ihre Hände erzählen von
   (alt)

   _____ Arbeit.
   (hart/schwer)

4 Oder das Mädchen mit dem _____ Telefon. Mit wem
   (rot)

   spricht sie? Mit ihrer _____ Mutter oder mit ihrem
   (alt)

   _____ Geliebten?
   (fern)

5 Vier _____ Augen. Man wird sie nicht so
   (groß/afrikanisch)

   _____ vergessen.
   (leicht)

6 Ein _____ Engländer mit einem sehr
        (typisch)

_____ Gesicht. Auf dem Kopf trägt er einen
(originell)

_____ Hut.
(schwarz)

7 Sie sitzt auf einer _____ Bank im Park – eine
        (weiß)

_____ Philosophin.
(russisch)

8 Kennen Sie den Schauspieler? Ist sein Bart _____
        (echt)

oder nicht? Alles Theater – sagen die Schauspieler und die Philosophen.

2 ⊙⊙
Bitte sprechen Sie

Ist das Kind nicht schön?
  → Doch, ein schönes Kind!
Ist der Mann nicht interessant?
Ist die Frau nicht toll?   Ist das Kind nicht intelligent?
Ist der Mann nicht verrückt?   Ist der Kerl nicht dumm?
Ist die Dame nicht phantastisch?   Ist die Dame nicht elegant?

3 ⊙⊙
Bitte sprechen Sie

Einen gelben Schirm hat sie.
  → Wer ist das Mädchen mit dem gelben Schirm?
Ein rotes Telefon hat sie.
Einen langen Bart hat er.   Einen alten VW fährt er.
Eine grüne Krawatte hat er.   Rote Schuhe trägt sie.
Schwarze Haare hat sie.   Ein gelbes Fahrrad hat sie.

4
Suchen und finden

Der hat eine große Nase!
  → Der Mann mit der großen Nase interessiert mich.
Der hat ein tolles Auto!
Die hat schöne Haare!   Der hat einen tollen Bart!
Der hat einen interessanten Kopf! Die hat ein interessantes Gesicht!
Die haben nette Kinder!   Die haben ein tolles Haus!
Die hat intelligente Augen!   Die hat schöne Beine!

5
Schüttelkasten   *Bauen Sie Sätze. Beispiel*: Kennen Sie die Dame mit …

Augen   Brille   schlank   Dame   dick
blond   Professor   Beine   Pelzmütze   Hut
Anzug   riesig   schwarz   Bauch   Locken

6
Suchen
und finden

Einen Mann ohne Auto nehme ich nicht.
→ Er muß ein schnelles Auto haben.
Ein Mädchen ohne Abitur nehme ich nicht.
Einen Mann ohne Bart nehme ich nicht.
Eine Frau ohne Geld nehme ich nicht.
Ein Mädchen ohne Beruf nehme ich nicht.
Einen Mann ohne Motorrad nehme ich nicht.
Ein Mädchen ohne Locken nehme ich nicht.
Eine Frau ohne Verstand nehme ich nicht.

7
Suchen
und finden

Er ist so melancholisch
→ und hat eine so lustige Frau gefunden!

Er ist so arm
Er ist so dick   Er ist so unsympathisch
Sie ist so arm   Sie ist so langweilig
Er ist so alt   Er ist so dumm

8
Suchen
und finden

Ach, dieser brutale Mann!
→ Warum hast du ihn denn geheiratet?

Ach, diese laute Wohnung!
Ach, dieses schlechte Auto!   Ach, diese dumme Reise!
Ach, dieser miserable Beruf!   Ach, diese verrückte Frau!
Ach, dieses teure Haus!   Ach, diese blöden Gäste!

119

9
Elemente   *DIE NOMENGRUPPE*

Eine Nomengruppe ist eine Einheit. So wie eine Frau ihre Kleider, ihren Schmuck und ihre Haarfarbe aufeinander abstimmt, so stimmen wir die Wörter einer Nomengruppe aufeinander ab, damit sie gut zusammenpassen. Sehen Sie die Nomengruppe immer als Ganzes. Beachten Sie nur die Konsonanten:

der **Bart**

schwarzer **Bart**

der schwarze **Bart**

ein schwarzer **Bart**

Sie sehen: links von *Bart* erscheint immer ein r. Es ist ein grammatisches Signal. Es signalisiert, daß ein Maskulin folgt.

> Das Signal erscheint entweder im Artikel oder im Adjektiv.

Wenn der Artikel das Signal trägt, braucht das Adjektiv kein Signal. Das Adjektiv nimmt dann oft ein n (Kontakt-n).

	SINGULAR			PLURAL
	mask.	fem.	neutr.	mask. = fem. = neutr.
NOM	r ∅	∅ ∅	s ∅	∅ n
AKK	n n			
DAT	m n	r n	m n	n n
GEN	s* n		s* n	r n

blau   = Signale

schwarz = Kontakt-n

∅   = kein Konsonant

* Dieses s erscheint nur im Artikel, nicht im Adjektiv.

Mehrere Adjektive: immer die gleiche Form (*ein toller schwarzer Bart*).

Die Deklination der Nomengruppe

	SINGULAR			PLURAL
	maskulin	feminin	neutrum	
NOM	der Bart schwarzer Bart der schwarze Bart ein schwarzer Bart	die Nase große Nase die große Nase eine große Nase	das Gesicht kluges Gesicht das kluge Gesicht ein kluges Gesicht	die Haare schöne Haare die schönen Haare
AKK	den Bart schwarzen Bart den schwarzen Bart einen schwarzen Bart			
DAT	dem Bart schwarzem Bart dem schwarzen Bart einem schwarzen Bart	der Nase großer Nase der großen Nase einer großen Nase	dem Gesicht klugem Gesicht dem klugen Gesicht einem klugen Gesicht	den Haaren schönen Haaren den schönen Haaren
GEN	des Bartes schwarzen Bartes des schwarzen Bartes eines schwarzen Bartes		des Gesichtes klugen Gesichtes des klugen Gesichtes eines klugen Gesichtes	der Haare schöner Haare der schönen Haare

Siehe auch: GRUNDGRAMMATIK DEUTSCH auf den Seiten 86–89

1

2

3

4

5

6

7

8

Kernprogramm

10 👓
Bild-
geschichte U   *REKORDE*

1 Das erste Auto. Es fuhr nicht schnell, aber es fuhr.
2 Der stärkste Mann. Oder kennen Sie vielleicht einen stärkeren?
3 Bier ist das beste Getränk, sagen viele. Mancher möchte am liebsten darin schwimmen.
4 Diese Frau schwimmt im klaren Wasser. Sie will die schnellste sein, und sie wird es auch.
5 Aber die Delphine schwimmen natürlich noch besser.
6 Und hier: die beste Leistung beim Turnen.
7 Der höchste Sprung.
8 Und das ist der wichtigste Vogel. Denn er bringt die Kinder.

11
Kombination

Produzieren Sie Schlagzeilen:

DER
die   das
STÄRKSTE
schön   groß   teuer   dumm   gefährlich   lang   mutig   schnell schmutzig   dick   langweilig   spannend
MANN
Film   Trick   Skandal   Sekunden   Frau   Buch   Kuß Sportlerin   Stunden   Leute   Politiker   Bilder   Pferd   Manager
DER WELT
Jahr   Westen   Tag   Land   Stadt   Nation   Jahrhundert   Europa Österreich   Südamerika   Indien   …

> Da muß ich mit mir selbst kämpfen,
> um zu sehen, wer der Stärkere ist:
> ich oder ich. *Johann Nestroy*
>
> Die schwächste Stelle am Auto
> ist oft der Fahrer. *Werner Mitsch*

12

Elemente

KOMPARATIV UND SUPERLATIV

	Positiv	Komparativ	Superlativ	
1	lustig	lustiger	am lustigsten der lustigste	
2	stark	stärker	am stärksten der stärkste	} *
	jung	jünger	am jüngsten der jüngste	
3	frisch	frischer	am frischesten der frischeste	} est nach d t s ß sch x z
	intelligent	intelligenter	am intelligentesten der intelligenteste	
4	dunkel	dunkler	am dunkelsten der dunkelste	} Komparativ ohne e bei
	teuer	teurer	am teuersten der teuerste	-el -er

* Aus **a o u** wird im Komparativ und Superlativ oft **ä ö ü.** Das gilt für die folgenden Adjektive:

**alt arg arm hart kalt krank lang nah scharf schwach schwarz stark warm
grob groß hoch
dumm gesund jung klug kurz**

Besondere Formen

5	**gern** * **lieb**	lieber	**am liebsten** **der liebste**
6	**groß**	**größer**	**am größten** **der größte**
7	**gut**	besser	**am besten** **der beste**
8	**hoch**	**höher**	**am höchsten** **der höchste**
9	**nah**	**näher**	**am nächsten** **der nächste**
10	**sehr** * **viel**	mehr	**am meisten** **das meiste, die meisten**
11	**spät**	**später**	**am spätesten**, zuletzt **der späteste**, der letzte

* nur beim Verb: **Lieber Jonas, ich würde dich gern wiedersehen.**
Sie brauchte viel Liebe, und er liebte sie sehr.

Superlativ: Wann sage ich *der*, wann sage ich *am*?
Diese Regel genügt:

Links vom Nomen: *der* **Thomas ist der schnellste Läufer.**

Ohne Nomen: *am* **Thomas läuft am schnellsten.**
Thomas ist am schnellsten.

13
Suchen und finden

Das sind kurze Ferien!
→ Ja, längere sind mir lieber.
Das ist ein schweres Parfüm!
→ Ja, ein leichteres ist mir lieber.

Das sind teure Strümpfe!   Das ist ein langsamer Ober!
Das ist ein dickes Buch!   Das sind dünne Handschuhe!
Das sind schwere Schuhe!   Das ist ein leerer Geldbeutel!
Das ist ein kaltes Land!   Das sind uralte Tomaten!
Das ist ein unfreundlicher Lehrer!   Das ist ein gefährlicher Hund!

14

Suchen
und finden

Bauen Sie Sätze mit dem Superlativ:

schriftlich und/oder
mündlich

Der Mount Everest	Schokoladentorte
Tokio	Frankfurt
Mozart	Der Wal
Paris	Der Papst
Das Oktoberfest	Der Großglockner
Picasso	Sokrates
Coca Cola	Grönland
Das Tote Meer	Marilyn Monroe
Jupiter	Die Chinesen
Champagner	Shakespeare

15

Studie

Ergänzen Sie den Superlativ:

a Die ___letzten___ Kabelbahnen fahren in San Francisco.

b Das _____ Bier der Welt (14% Alkohol) ist das Zürcher Samichlaus-Bier.

c Die _____ Apotheke der Welt (erbaut 1317) steht in Dubrovnik.

d Die _____ Haare der Welt trug Frau Wang Liyuan in Peking, sie waren 203 cm lang.

e Der _____ Affe kam im Hamburger Zoo zur Welt, er war bei der Geburt 10 cm groß.

f Die _____ deutsche Zeitung erschien im Jahr 1609 in Straßburg.

g Die _____ Insel existiert seit dem 14.11.1963. Es ist der isländische Vulkan Surtur.

h Das _____ Bergwerk der Welt (3900 m) ist eine Goldmine bei Caritonville (Südafrika).

i Die _____ Börse fand (seit dem 13. Jahrhundert) im Freien statt, nämlich in der flämischen Handelsstadt Brügge.

k Die _____ Flasche Wein kostete (im Jahr 1982) 17500,– DM. Es war ein Johannisberger aus dem Jahr 1648.

l Das _____ europäische Parlament (930 n. Chr.) war auf dem Lögberg in Island.

16
Werkstatt

Rühmen Sie Ihr Land/Ihre Stadt mit Superlativen: Nehmen Sie ein großes Papier und zeichnen Sie den höchsten … das größte … Ihres Landes. Die anderen Schüler raten, was Sie gezeichnet haben.

17
Analyse

WIE | ALS

Du bist so schön wie Venus persönlich. — Du bist schöner als Venus persönlich.

Bitte studieren Sie diese beiden Beispiele. Wann nehmen wir *wie*, wann nehmen wir *als*?

wie oder *als*?

● Zwei Gegenstände sind gleich → _____

● Zwei Gegenstände sind nicht gleich → _____

18
Kombination

die Schnecke	der Skorpion	die Milch	der Lastwagen
der Wein	der Politiker	die Zitrone	der Leopard
die Rockmusik	die Schlange	der Kakao	der Bankräuber

● Was ist saurer: die Zitrone oder der Wein?
● Der Wein ist saurer als eine Zitrone!

19
Kombination

Beispiel: Erdbeerkuchen esse ich lieber als Käsekuchen.

Apfelsaft	Sauerkraut
Bett	Hallenbad
Garten	alte Museen
Porsche	Kuh
Pizza	Stuhl
moderne Ausstellungen	Boden
Pferd	VW
Sessel	Milch
Meer	Haus

20
Unterhaltung

● Das wievielte Kind sind Sie?

● Wie viele Geschwister sind Sie?

● Erzählen Sie:

Mein älterer Bruder ist ...

Meine jüngste Schwester ist ...

größer als ich

reicher als ich

dümmer als ich

dicker als ich

schöner als ich

Er ist ...

Sie ist ...

der intelligenteste

die hübscheste

der lustigste

die schnellste ...

Wer hoch treffen will, muß höher zielen.

Norwegisch

Der Mensch steigt auf die höchsten Gipfel,
aber er kann nicht lange dort bleiben.

George Bernhard Shaw

21
Elemente

DIE ORDINALZAHLEN

Heute ist der einundzwanzigste März.

Das ist unser drittes Kind.

> 0 – 19 : -te
>
> 20 –   : -ste

1. =	der/die/das erste	13. =	der/die/das dreizehnte
		⋮	
2. =	der/die/das zweite	19. =	der/die/das neunzehnte
3. =	der/die/das dritte		
4. =	der/die/das vierte	20. =	der/die/das zwanzigste
		21. =	der/die/das einundzwanzigste
5. =	der/die/das fünfte	⋮	
6. =	der/die/das sechste	90. =	der/die/das neunzigste
⋮		100. =	der/die/das hundertste
10. =	der/die/das zehnte	101. =	der/die/das hunderterste
11. =	der/die/das elfte		
12. =	der/die/das zwölfte	1000. =	der/die/das tausendste

Wir deklinieren die Ordinalzahlen wie Adjektive:

Ich bin am elften Mai geboren.
Der österreichische Nationalfeiertag ist am sechsundzwanzigsten Oktober.
Das ist mein viertes Glas.

22
Unterhaltung

● Wann hat der Kurs begonnen? Wann endet er?

● Wann ist der Nationalfeiertag Ihres Landes? Was feiern Sie?

● Und andere Feste in Ihrem Land?

● Wann haben Sie Geburtstag? Und Hochzeitstag?

23 ⊙⊙

Hören
und verstehen

1 Was braucht die Frau?

2 Was brauchen die Spieler?

3 Was braucht der Mann?

4 Was braucht der Mann?

5 Was braucht die Frau?

6 Was braucht der Mann?

Weitere Materialien zur Auswahl

24

Das richtige
Wort

bienenfleißig   *so fleißig wie die Bienen*

messerscharf   stahlhart

blitzschnell   rosenrot

schneeweiß   steinalt

todernst   schweinchenrosa

butterweich   bettelarm

federleicht   sonnenklar

25

Kontrolle

a   Kalt hier. Gehen wir ins Wohnzimmer, da ist es _____ .

b   Sie ist 113 Jahre alt – die _____ Frau der Welt.

c   Das Bett ist mir leider zu kurz. Haben Sie denn kein _____ ?

d   Ach, Rudi, ich möchte so gut schwimmen können _____ du!

e   8,96 m springt Bob. Keiner springt so weit _____ er.

f   Tut mir leid, daß ich zu spät komme. Ich konnte wirklich nicht _____ .

g   Ich weiß, ich bin dick, aber mein Bruder ist noch viel dicker _____ ich.

h   Und das ist Herr Alberich, 64 cm groß, der _____ Mann der Welt.

i   Die Idee ist gut. Aber ich habe eine _____ .

k   Unmöglich. Ich kann nicht so viel Schnaps trinken _____ du.

10 Lösungen

Schwerpunkt Wirtschaftsdeutsch (D)

26
Unterhaltung

Überlegen Sie (in kleinen Gruppen) mehrere Antworten (auf Kärtchen schreiben?) und tragen Sie sie dann im Plenum vor.

– Wie soll der Manager von heute sein?
– Wie soll er aussehen?
– Wie soll er sich kleiden?
– Wie alt soll er sein?
– Welche Eigenschaften soll er haben / nicht haben?
– Welche Ausbildung soll er haben?
– Wie muß die ideale Zusammenarbeit sein?

27
Lesetext

eingeführt als
Lückendiktat
(Diktattext im
Lehrerheft)

Der schnellste und _____ Denker soll er sein, ein

klassisch _____ Mann, er soll Humor haben,

politisch denken, hart arbeiten können, er soll kerngesund sein,

_____ , immer jung und schließlich auch seine Frau

nicht _____ .

Das ist der Manager von _____ , wie ihn „Innovatio",

ein internationales Forum für _____ und

_____ , fordert. In einem Freiburger Seminar von

40 _____ aus der _____ ,

der Schweiz und Österreich wurde der neue Chef definiert.

Er ist sozial und _____ , er hat die

_____ seiner Umwelt verstanden, seine Tür steht

immer offen. Wenn Sie alle diese Bedingungen

_____ , bewerben Sie sich. Sie sind der Mann der

Zukunft.

Frei nach: Schweizer Handels Zeitung, 12.11.87

131

28

Unterhaltung

a Sind Sie mit dem Freiburger Forum einverstanden? Möchten Sie diesen Chef haben? Begründen Sie Ihre Meinung.

b Und Sie selbst? Erfüllen Sie diese Bedingungen? Unterscheiden Sie sich vom „idealen Chef"? Worin? Möchten Sie überhaupt Chef sein? Was ist Ihr Ziel?

c Wie soll die Frau sein, die eine wichtige Rolle in der zukünftigen Gesellschaft spielt?

Phonetisches Zwischenspiel

aus der Symphonie „Die Uhr" von Josef Haydn

u ü i / y

1 👓

Bitte sprechen Sie

ich ruhe	→	ich fliege	→	ich grüße
ich suche		ich spiele		ich übe
Uhr		Tier		Tür
Gruß		Grieß		Grüße
Blume		Biene		blühen
Flug		fliegen		Flügel
Dunkel		Licht		grün
Buch		Lied		Glück

2 ⊚⊚

Welches Wort
hören Sie?

1   a ☐ Tier
    b ☐ Tür

2   a ☐ Biene
    b ☐ Bühne

3   a ☐ spülen
    b ☐ spielen

4   a ☐ Güter
    b ☐ Guter

5   a ☐ fliege
    b ☐ Flüge

6   a ☐ Kuchen
    b ☐ Küchen

7   a ☐ lügen
    b ☐ liegen

8   a ☐ Blut
    b ☐ blüht

3 ⊚⊚

Bitte
sprechen Sie

a   ein süßer Kuchen
    ein gutes Parfüm
    viel Vergnügen
    Lilienblüte

b   Küchenlied
    Kuchenstück
    Frühlingsblume
    Unglück

c   das gute Frühstück
    der grüne Hut
    die kühle Luft
    Die Wiese blüht.

4 ⊚⊚

Bitte
sprechen Sie

a   Kirschkuchen
    Südseeinsel
    Überfluß
    Wüstenwind

b   die grüne Wiese
    Kinder des Glücks
    das Licht des Südens
    die dunkle Blüte

c   Küchenduft
    Unglück
    Südkurve
    Übermut

5

Elemente

Y

Wir sprechen **Y** wie Ü

dynamisch
Physik
System

6 ⊚⊚

Bitte
sprechen Sie

a   Analyse
    Physik
    systematisch
    Dynamo

b   Kybernetik
    Symptom
    Psyche
    Psychologie

1

2

3

4

5

6

7

8

Kapitel 9

Kernprogramm

1 👓
Bild-
geschichte V

DER SPAZIERGÄNGER

1   Gegen elf wachte er auf, kroch aus dem Bett und wusch sich mit einer Handvoll Wasser.

2   Eine halbe Stunde später sah man ihn auf der Straße, die Hand in der Hosentasche, eine alte Mütze auf dem Kopf.

3   Am Bahnhof traf er zwei oder drei Freunde. Man unterhielt sich über das Wetter, über Getränke, über Politik.

4   Und natürlich über die feinen Damen.

5   Er bummelte über den Markt, da kaufte er sich eine warme Wurst.

6   Nun las er ganz genau die Theaterplakate.

7   In einem kleinen Laden schaute er nach alten Sachen.

8   Dann setzte er sich in einen Biergarten. Da trank und schlief er bis zum späten Abend.

2
Studie

a   Täglich lag er bis halb elf im Bett und _____ .

b   Endlich stand er auf, denn er _____ Hunger.

c   Er _____ sich – dazu brauchte er eine Minute. Eine Handvoll

Wasser _____ genug.

d   Nun ging er auf die Straße, drehte sich eine Zigarette und

_____ .

e   Er machte einen Morgenbesuch in einem Biergarten, da

_____ er einen kleinen Schnaps.

f   Langsam _____ er durch die Straßen zum Bahnhof, dort

_____ er seine alten Freunde.

g   Sie _____ sich über Politik, Geld, Branntwein und über die

feinen Damen.

h   Auf dem Markt _____ er sich eine heiße Wurst.

i   Nun ging er zum Hafen und _____ sich auf eine Bank.

k   Dort _____ er Zeitung, bis er müde wurde und einschlief.

Oft _____ er erst wieder auf, wenn der kalte Nachtwind

ihn weckte.

3

Elemente   *DIE ZEITFORMEN*

	Präsens	*Präteritum*	*Perfekt*
Regelmäßige Verben	**ich schaue**	**ich schaute**	**ich habe geschaut**
	Sie schauen	**Sie schauten**	**Sie haben geschaut**
	du schaust	**du schautest**	**du hast geschaut**
	er schaut	**er schaute**	**er hat geschaut**
	sie schaut	**sie schaute**	**sie hat geschaut**
	es schaut	**es schaute**	**es hat geschaut**
	wir schauen	**wir schauten**	**wir haben geschaut**
	Sie schauen	**Sie schauten**	**Sie haben geschaut**
	ihr schaut	**ihr schautet**	**ihr habt geschaut**
	sie schauen	**sie schauten**	**sie haben geschaut**
	Infinitiv: **schauen**		

4

Analyse

a Vergleichen Sie die Endungen der regelmäßigen Verben im Präsens und im Präteritum:
  – Welche Endungen sind gleich?
    – Welche Endungen sind verschieden?

b Vergleichen Sie die Endungen der unregelmäßigen Verben im Präsens und im Präteritum:
  – Welche Endungen sind gleich?
    – Welche Endungen sind verschieden?

	Präsens	*Präteritum*	*Perfekt*
Unregelmäßige Verben	**ich trinke**	**ich trank**	**ich habe getrunken**
	Sie trinken	**Sie tranken**	**Sie haben getrunken**
	du trinkst	**du trankst**	**du hast getrunken**
	er trinkt	**er trank**	**er hat getrunken**
	sie trinkt	**sie trank**	**sie hat getrunken**
	es trinkt	**es trank**	**es hat getrunken**
	wir trinken	**wir tranken**	**wir haben getrunken**
	Sie trinken	**Sie tranken**	**Sie haben getrunken**
	ihr trinkt	**ihr trankt**	**ihr habt getrunken**
	sie trinken	**sie tranken**	**sie haben getrunken**
	Infinitiv: **trinken**		

5
Studie

Bitte ergänzen Sie die Verben, immer im Präteritum:

Das Haus _____ in einem kleinen Garten. Er

_____ im Parterre, da _____ er seine Bibliothek,

einen kleinen Rauchsalon und eine Schlafkammer. Gegen neun

_____ er auf, _____ seinem Papagei frisches Was-

ser, _____ ein paar Worte mit ihm, _____ aus

dem Fenster und _____ sich einen Kaffee. Er

_____ sich in den blauen Sessel und _____ die

Morgenzeitung.

Eine Stunde später _____ er die weiße Jacke vom Haken und

zog sie an, nun _____ er langsam durch den Park und

_____ ein altes Lied vor sich hin.

Am Nachmittag sah man ihn am Ufer sitzen, da _____ er viel-

leicht eine Orange, unterhielt sich mit einer Dame oder mit den Kindern

und _____ ihnen lustige Geschichten. Gegen Abend

_____ er Brot, Fleisch, Käse und Wein und

_____ irgendwo ein Täßchen Kaffee. „Schon sechs",

_____ er laut zu sich und _____ nach Hause.

Das _____ der Tag meines alten Lehrers Professor Gutekunst.

6
Studie

Beschreiben Sie (im Präteritum) den Tageslauf eines Studenten. Hier sind einige Ideen:

spät aufstehen	Bibliothek	Freunde
Kaffee	Mensa	Bier
Vokabeln	Zeitung	Kino
unrasiert	schwimmen	Disko
U-Bahn	Vorlesung	

7
Elemente

PRÄTERITUM DER MODALVERBEN

Präsens	*Präteritum*
ich will	ich wollte
Sie wollen	Sie wollten
du willst	du wolltest
er will	er wollte
sie will	sie wollte
es will	es wollte
wir wollen	wir wollten
Sie wollen	Sie wollten
ihr wollt	ihr wolltet
sie wollen	sie wollten
Infinitiv: **wollen**	

Präsens	*Präteritum*
ich möchte	ich wollte
Sie möchten	Sie wollten
du möchtest	du wolltest
er möchte	er wollte
sie möchte	sie wollte
es möchte	es wollte
wir möchten	wir wollten
Sie möchten	Sie wollten
ihr möchtet	ihr wolltet
sie möchten	sie wollten

ich kann	ich konnte
Sie können	Sie konnten
du kannst	du konntest
er kann	er konnte
sie kann	sie konnte
es kann	es konnte
wir können	wir konnten
Sie können	Sie konnten
ihr könnt	ihr konntet
sie können	sie konnten
Infinitiv: **können**	

ich muß	ich mußte
Sie müssen	Sie mußten
du mußt	du mußtest
er muß	er mußte
sie muß	sie mußte
es muß	es mußte
wir müssen	wir mußten
Sie müssen	Sie mußten
ihr müßt	ihr mußtet
sie müssen	sie mußten
Infinitiv: **müssen**	

8 ⊙⊙

Bitte
sprechen Sie

Leider kam er nicht.

→ Ich weiß. Er konnte nicht kommen.

Leider wußte er es nicht.

Leider antwortete er nicht.   Leider kam er nicht mit.

Leider rief er nicht an.   Leider wußte sie es nicht.

Leider ging sie nicht mit.   Leider half sie nicht.

Leider half er nicht.   Leider kam sie nicht.

9 ⊙⊙

Bitte
sprechen Sie

Jetzt kommen Sie endlich!

→ Ja ja, ich wollte schon gestern kommen.

Jetzt rufst du endlich an!

Jetzt schreiben Sie endlich!   Jetzt fragt er endlich!

Jetzt fängst du endlich an!   Jetzt ist sie endlich fertig!

Jetzt hilft er endlich!   Jetzt antwortet ihr endlich!

Jetzt kommt er endlich!   Jetzt seid ihr endlich da!

10

Studie

Ergänzen Sie die Modalverben im Präteritum:

a   Wir _____ pünktlich kommen, aber wir _____
eine halbe Stunde auf die Straßenbahn warten.

b   Ich _____ heute von sieben Uhr früh bis sieben Uhr abend
an der Schreibmaschine sitzen.

c   Wir _____ noch Blumen kaufen, aber alle Läden waren schon
zu.

d   Wie war der Flug? Sonne? _____ du was sehen?

e   Ich _____ mit der Prinzessin persönlich sprechen.

f   Sie rief dreimal an, aber sie _____ dich nicht erreichen.

g   Ich _____ mir gestern zwei Zähne ziehen lassen.

h   Das Hotel war miserabel, wir _____ in einer Kammer ohne
Fenster übernachten.

i   So ist meine Tante! Ich _____ Cognac und bekam Himbeersaft.

k   Hast du mich ganz vergessen? Fünf Wochen keine Post! Und du
_____ mir täglich schreiben!

11
Suchen
und finden

Hast du einen Schnaps?
→ Was? Sonst wolltest du nie Alkohol trinken!

Haben Sie ein Blatt Briefpapier?
→ Was? Sonst wollten Sie nie einen Brief schreiben!

Hast du eine Schmerztablette?
Kannst du mir deinen Führerschein leihen?
Ach, ich möchte gern eine Zigarette.
Der Roman da interessiert mich.
Geben Sie mir bitte die Rechnung.
Ein Steak, bitte.
Habt ihr einen Fußball?
Ich hätte gern eine Illustrierte.

12
Schüttelkasten

Produzieren Sie (in kleinen Gruppen) einen Krimi:

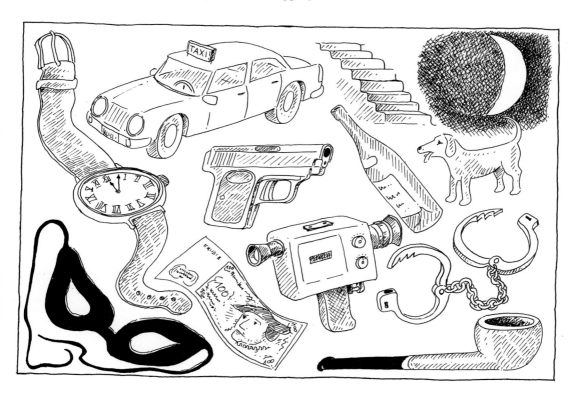

13
Lesetext

eingeführt als
Lückendiktat
(Diktattext im
Lehrerheft)

Ein paar Fischweiber wurden auf dem _____ vom

Markt in ihr Fischerdorf von einem _____ Gewitter über-

rascht. Ein _____, dessen Blumenladen am Wege lag,

_____ sie auf.

Die Frauen legten sich in dem Blumenladen zur Ruhe, aber sie

_____ keinen Schlaf finden. Der _____ Geruch der

Blumen war _____ zu ungewohnt.

Da _____ eine von ihnen die Lösung. Sie _____ über die

Blumen ein paar Kannen von ihrem _____. Tief

atmeten die Fischweiber den Geruch ein und _____ bald in

Schlaf.

Sie _____ noch, als der Gärtner _____ und den Laden

aufmachen _____. Er _____ erst

gar nicht, wo er war – so stark roch es nach Fischen.

Indische Legende, erzählt von Heinrich Zimmer

15 Lösungen

14
Textarbeit

a   Woher kamen die Frauen?
b   Was haben sie an diesem Tag gearbeitet?
c   Warum übernachteten sie in dem Blumenladen?
d   Warum goß die Frau Fischwasser über die Blumen?
e   Was ist – vielleicht – die Idee der Geschichte?

15
Suchen
und finden

Früher störte es keinen,
– wenn

  <u>zwei Leute aus</u>

  <u>einem Teller aßen</u> .

– wenn

– wenn

sich mit der Gabel kratzen
aus der Flasche trinken
unter dem Tisch sitzen
4 Leute aus einem Topf
beim Essen mit dem Hund spielen
5 Leute aus einem Glas
mit den Fingern essen
Hühner laufen im Zimmer herum
…

16 ⊙⊙
Hören und
verstehen

Wie heißt die beste Antwort?

1
a ☐ Ich habe schon ein Buch.
b ☐ Nein, ich schreibe nie.
c ☐ Oh, ein tolles Buch!

2
a ☐ Unmöglich. Ich bin Bankdirektor.
b ☐ Ja, hier haben Sie 1000,– DM.
c ☐ Ja, aber nur bis zum Montag.

3
a ☐ Alle Männer sind Idioten.
b ☐ Ich habe keine Brille da.
c ☐ Sehr gut. Ich gratuliere.

4
a ☐ Bitte nicht hier im Restaurant!
b ☐ Wie schmeckt der Kaffee?
c ☐ Hast du keinen Bikini?

5
a ☐ Ja, im Fernsehen.
b ☐ Ja, nur für dich.
c ☐ Nein, ich habe kein Motorrad.

Weitere Materialien zur Auswahl*

17
Lesetext

Bitte ergänzen Sie die Präpositionen an in mit nach über zwischen:

Ein kleines Mädchen ____mit____ seiner Mutter _____ einer Straße.

Das Kind sieht auf der anderen Seite der Straße ein Schaufenster _____

herrlichen Puppen. Es schaut nicht _____ links und rechts, sondern

es will sofort _____ die Straße rennen. Was macht die Mutter? Sie schlägt

5 das Kind. Was hat das Mädchen gelernt? Es hat gelernt: ich darf nicht

_____ die Straße rennen, wenn die Mutter dabei ist! Es hat nicht gelernt:

ich muß _____ links und rechts schauen. Hier liegt der Unterschied

_____ tierischem und menschlichem Lernen. Der Mensch kann bewußt

lernen. Die andere Möglichkeit: die Mutter hält das Kind _____ der

10 Hand fest und erklärt ihm: du darfst nur _____ die Straße laufen, wenn

du _____ links und rechts geschaut hast. Wahrscheinlich ist das Kind

beim nächstenmal vorsichtiger.   Horst Speichert

18
Textarbeit

a   Warum muß das Kind nach links und rechts schauen?
b   Warum ist es besser, die Mutter erklärt dem Kind die Sache?
c   Was ist der Unterschied zwischen menschlichem und tierischem Lernen?
d   Was möchte der Autor mit seinem Text bewirken?

* Aus dem hier folgenden Angebot nur ein bis zwei Texte auswählen. Die Nummern 23–26
können als weiterer Schwerpunkt Wirtschaftsdeutsch gelten (Thema: Spezialist-Generalist).

19
Unterhaltung

STUNDENPLAN

Std. Zeit	Montag	Dienstag	Mittwoch	Donnerstag	Freitag	Samstag
7:45–8:30	Mathe	Latein	Biologie	Sport	Latein	
8:30–9:15	Sport	Deutsch	Mathe	Sport	Deutsch	
9:30–10:15	Latein	Mathe	Sport	Mathe	Musik	
10:15–11:00	Erdkunde	Religion	Latein	Musik	Religion	
11:15–12:00	Musik	Biologie	Deutsch	Latein	Kunst	
12:00–12:45	Deutsch	Erdkunde	Latein	Deutsch	Kunst	

a   Das ist Birgits Stundenplan. Übrigens: wie alt ist Birgit wohl?

b   Wie sieht in Ihrem Land der Stundenplan eines ebenso alten Kindes aus?

c   In Birgits Stundenplan gibt es vieles, was nicht zu einem Kind paßt. Müssen Stundenpläne so sein?

d   Gibt es in (ferner?) Zukunft vielleicht einmal humanere Schulen? Wie sieht ein besserer, humanerer Stundenplan aus? Birgit träumt von dem Stundenplan der Zukunft:

	Montag	Dienstag	Mittwoch	Donnerstag	Freitag	Samstag
7–8	Sport	Musik	turnen	Witze machen	versteckspielen	
8–9	Sport	singen	Lehrer zeichnen	Sport	basteln	
9–10	Kunst	vorspielen	Kasetten hören	Kunst	Musik	
10–11	Zeichnen	töpfern	Pause	spielen	singen	
11–12	Theater	handarbeiten	freistunde	Pause	Sport	
12–13	vorlesen	Sport	naschen	verkleiden	Lehrer veräppeln	
13–14						
14–15						

Was meinen Sie zu Birgits Ideen? Was sollte man realisieren?

20

Unterhaltung

– Beschreiben Sie die fünf Bilder auf der linken Seite.
– Welches von den Bildern interessiert Sie besonders? Warum?
– Drei dieser fünf Bilder sind aus alternativen Schulen, welche? Kennen Sie eine alternative Schule? Erzählen, diskutieren Sie.

21

Lesetext

nicht schwer

Das westdeutsche und das österreichische Schulsystem sind fast gleich. Nach der 4. Klasse der Grundschule kann das Kind die Hauptschule (5. bis 9. Klasse) oder das Realgymnasium (5. bis 10. Klasse) oder das Gymnasium (5. bis 13. Klasse) wählen*. Die Hauptschule führt meistens direkt zur Berufsausbil-
5   dung mit Berufsschule oder Fachschule. Das Realgymnasium führt zur Fachoberschule, das Gymnasium über das Abitur zur Hochschule (zum Beispiel Universität).

In der Schweiz folgt auf die 6. Klasse der Grundschule (Primarschule) die Sekundarschule mit 3 bis 4 Klassen. Von hier aus kann der Jugendliche aufstei-
10 gen in die 3jährige Mittelschule oder das 4jährige Gymnasium. Das Gymnasium führt über die Maturität zur Hochschule.

In der DDR sind die Kinder und Jugendlichen 10 Jahre lang zusammen in der polytechnischen Oberschule. Besonders interessierte Schüler besuchen dann die dreiklassige erweiterte Oberschule, die über das Abitur den Weg in die
15 Hochschule öffnet.

* Das Gymnasium hat in Österreich nur 12 Klassen. Das Realgymnasium heißt in der Bundesrepublik Realschule.

22

Werkstatt

a   Untersuchen Sie die Namen der Schulen (Hochschule, Mittelschule ...) Gibt es in Ihrem Land ähnliche Namen? Beachten Sie auch die Unterschiede!

b   Welches der in Nummer 21 gezeigten Schulsysteme ist dem System in Ihrem Land am ähnlichsten?

c   Nehmen Sie ein großes Papier und zeichnen Sie das Schulsystem Ihres Landes auf. Erklären Sie es im Plenum.

> Pädagogik war eine Kunst. Die Gefahr ist,
> daß sie eine Wissenschaft wird.   *A. Lichtwark*
>
> Weil die Völker nur Lehrer für 600 Mark
> sich leisten können, bleiben sie so dumm,
> daß sie sich Kriege für 60 Milliarden
> leisten müssen.   *Christian Morgenstern* (1905)

23

Unterhaltung   Diese vier Bilder kreisen um dasselbe Thema. Welches?

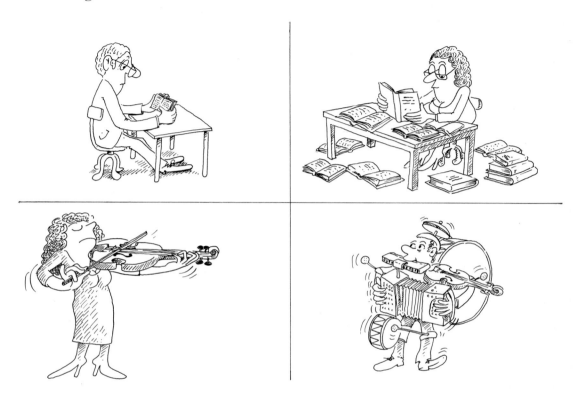

24

Gespräch   Bereiten Sie in kleinen Gruppen ein Gespräch zum Thema Spezialisierung vor. Jede Gruppe wählt eine der folgenden Thesen. Ist die These richtig? falsch? halbrichtig? Bringen Sie konkrete Beispiele und Argumente.

(1) In unserer Zeit ist Dilettantismus gefährlich, jeder muß Spezialist sein.

(2) Fachidioten merken oft nicht mehr, daß sie in ihrem Spezialgebiet etwas Unnützes, Sinnloses tun.

(3) Wer sich nicht wenigstens in einem Fach genau auskennt, bleibt oberflächlich.

(4) Fachidioten sehen die großen menschlichen Fragen nicht mehr, sie haben den Kopf nur in ihrem Fach.

25
Lesetext

Der Massenbetrieb an den Hochschulen führte zum Spezialisie-
rungs-Trend. Kein guter Trend.
Heute sieht man, daß eine frühe
5 Spezialisierung nicht mehr das
richtige Rezept ist. Man hört
wieder den Ruf nach dem Generalisten. Sein Horizont ist nicht
auf sein Fachgebiet begrenzt. Er
10 lebt auf mehreren Ebenen, kennt
mehrere Gebiete.

Das Lernen zu lernen wird zum
festen Kern der Ausbildung in
einer schnell sich wandelnden
15 Wirtschaft und Arbeitswelt.

Der Generalist beherrscht die
Methoden des Forschens und
Lernens. So wird es ihm leichter,
sich die Fachkenntnisse anzueig-
20 nen, die in einer hochspezialisier-
ten Wirtschaft notwendig sind.
Wir brauchen mehr Generalisten.

Frankfurter Allgemeine Zeitung,
5.12.1987

```
Der Spezialist kennt nur sein Fach.

Der Generalist _____ .

         _____ .

Heute haben wir zu viele _____

und zu wenige _____ .

Die moderne Wirtschaft verändert sich
schnell.

Wichtigstes Element der Ausbildung:

         _____ .

Warum?

         _____

         _____ .
```

26
Textarbeit

Wer mehrere Gebiete kennt,

Die frühe Spezialisierung

Wer das Forschen und Lernen gelernt hat,

Wer sich früh spezialisiert,

ist nicht immer die beste Lösung.
hat vielleicht bald einen engen Horizont.
hat wahrscheinlich mehr Berufschancen.
hat wahrscheinlich weniger Berufschancen.
hat einen Schlüssel zu mehreren Fachgebieten.
ist selten der richtige Weg.
kann sich leichter in neue Gebiete einarbeiten.

1

2

27
Lesetext

Bitte ergänzen Sie die Bildnummern:

Sie trägt Blumen und Früchte in den Händen, der Wind bewegt ihr Kleid, die Sonne beleuchtet sie: es ist die freie Mutter Natur, die hier ihren Weg geht. Sie kann nie irren. Denn sie selbst ist Gesetz und Maß für alle Dinge. Der halbblinde Arzt folgt unsicher auf ihrem Weg. Er braucht einen Stock und eine Lampe (Bild _____).

Viele Philosophen und Pädagogen fühlten sich wie halbblinde Ärzte, die Natur suchend. Die beiden wichtigsten Pädagogen kamen aus der Schweiz: Jean-Jacques Rousseau (1712–1778) und Johann Heinrich Pestalozzi (1746–1827).
Rousseau (Bild _____) ist in Genf geboren, gleich in der Nähe der Rhonebrücke (Bild _____).
Pestalozzi (Bild _____), nicht so schön wie Rousseau, ist in Zürich geboren. Er arbeitete und lebte lange Zeit in Burgdorf, Kanton Bern (Bild _____).

Das Programm Pestalozzis war einfach. Er wollte Rousseaus Ideen realisieren. Das bedeutet: Erziehung soll nicht unterdrücken, sondern den Menschen entfalten, seinen natürlichen Kern wecken. Unterricht soll auf die individuellen Wünsche der Kinder aufbauen. Das Ziel: die Autonomie des Menschen in der Gesellschaft.

Rousseau und Pestalozzi wurden viel mißverstanden. Zum revolutionären Denken gehört immer auch ein Stück Chaos. Pestalozzi erlaubte ein Stück Chaos auch seinen Kindern im Unterricht (Bild _____). Das haben ihm viele übelgenommen. Man muß ihn als einen sehr modernen Pädagogen verstehen, nicht nur in diesem Punkt.

3

4

5

6

28

Textarbeit

a Warum trägt der Arzt auf unserem Bild Brille, Lampe und Stock?

b Was bedeutet Natur für den Pädagogen?

c Revolution – Chaos. Hängen sie zusammen?

d „Den natürlichen Kern wecken". Ist dieser Kern gut?

e „Auf die individuellen Wünsche aufbauen". Was kann die Folge sein?

f Beide, Rousseau und Pestalozzi, wollten nicht Spezialisten, sondern Generalisten erziehen. Das hängt mit ihrer Philosophie zusammen. Zeigen Sie den Zusammenhang.

29

Schreibschule

Erzählen Sie ein besonders positives oder besonders negatives Erlebnis als Schüler / als Lehrer. Schreiben Sie möglichst kurz, in einfachen Worten und Sätzen.

30

Kontrolle   *Ergänzen Sie bitte die Verben, immer im Präteritum:*

a   Früh um sieben _____ die Sonne auf.

b   Ich _____ ins Bad und _____ mich.

c   Dann _____ ich mir einen Kaffee und _____ .

d   Ich _____ noch schnell eine eilige Postkarte.

e   Leider _____ ich keine Briefmarke finden.

f   Ich nahm mein Rad und _____ zur Arbeit.

g   Mein Weg zur Gärtnerei führte an der Post vorbei, dort _____ ich Briefmarken kaufen. Aber leider war die Post noch geschlossen.

h   Ich _____ die Postkarte wieder mitnehmen.

i   Um acht _____ ich mit der Arbeit.

k   Am Nachmittag _____ ich endlich Briefmarken einkaufen und die Karte
einwerfen.   12 Lösungen

Phonetisches Zwischenspiel

l – r

1

Elemente

Das deutsche l klingt heller als das englische l, auch zwischen dunklen Vokalen.
Das deutsche l spreche ich so: Der Mund ist breit geöffnet. Die Zungenspitze
berührt die oberen Zähne von innen. Schwacher Luftstrom, kräftige Stimme.

Das deutsche r klingt wie das französische und das hebräische r. Wenn wir
mit Wasser gurgeln, entsteht dieses r. Können Sie denselben Laut ohne Wasser
produzieren? Der Mund ist breit geöffnet. Sprechen Sie ein hartes k. Lösen
Sie den Verschluß der Zunge langsam: kch. Geben Sie weniger Luftdruck
und ihre Stimme dazu, dann beginnt der hintere Gaumen zu schwingen: es
entsteht das gurgelnde r.[1]

---

[1] Schüler mit englischer oder fernöstlicher Muttersprache (Japanisch, Chinesisch, Koreanisch) sollten so bald wie möglich
das hintere, gurgelnde r lernen. Das ist die beste Therapie für die phonetischen Probleme der Schüler mit diesen
Muttersprachen.

2
Bitte
hören Sie

Gras	→ Glas	→ Gras	→ Glas
froh	Floh	froh	Floh
Last	Rast	Last	Rast
Herr	hell	Herr	hell

l

3
Bitte
sprechen Sie

Gras	→ Glas	→ Gras	→ Glas
Last	Rast	Last	Rast
Alm	Arm	Alm	Arm
Regen	legen	Regen	legen
hell	Herr	hell	Herr
froh	Floh	froh	Floh
Blei	Brei	Blei	Brei

r

4
Bitte
sprechen Sie

ein gefährliches Leben   Kleider machen Leute.
ein hellrotes Kleid   Glück und Glas, wie leicht bricht das.
ein berühmter Gelehrter   der blaue Brunnen
ein glasklarer Brunnen   Probleme mit der Kernenergie

herrlich   Trinkmilch
Waldesruhe   Kulturkritiker
Frühlingsregen   Wirklichkeit
Milchkrug   kristallklar

5
Welches Wort
hören Sie?

1
a ☐ hell
b ☐ Herr

2
a ☐ Reiter
b ☐ Leiter

3
a ☐ Wirt
b ☐ wild

4
a ☐ hart
b ☐ Halt

5
a ☐ Bleilöffel
b ☐ Breilöffel

6
a ☐ leise Gesellschaft
b ☐ Reisegesellschaft

7
a ☐ klug
b ☐ Krug

8
a ☐ rauschen
b ☐ lauschen

9
a ☐ Wert
b ☐ Welt

10
a ☐ Lichtung
b ☐ Richtung

Kapitel 10

Kernprogramm

1 ⊙⊙

Hören
und verstehen

Sie hören Teile aus sechs Sport-Reportagen.

(a) Über welche Sportarten berichten die Reporter?

(b) Hören Sie jetzt die Reportagen noch einmal. Schreiben Sie die Nummern
der Reportagen zu den richtigen Sportarten:

2

Unterhaltung

Schreiben Sie (allein? in kleinen Gruppen?) zwei Listen: welche Sportarten macht man allein, welche im Team?

> Von den deutschen Bundesbürgern pflegen 53 Prozent gelegentlich oder regelmäßig in ihrer Freizeit zu schwimmen. Rund 43 Prozent verschaffen sich gesunde Bewegung durch Radfahren und 35 Prozent der Bevölkerung wandern in die Natur. Erst auf dem vierten Platz der Freizeitaktivitäten steht das Kegeln, gefolgt von Gymnastik/Aerobic, Jogging und Fußball.

3

Darstellung

Wählen Sie drei Sportarten, die Sie kennen und vielleicht auch selbst ausüben. Berichten Sie, wie, wann, wo, mit wem Sie diesen Sport treiben.

Beschreiben Sie eine Sportart genau: welche Regeln? wer gewinnt?

4 ∞

Szene

Olga: Egon, mußt du denn immer vor der Glotze sitzen?

Egon: Psst, die Steffi schlägt gerade auf!

Olga: Was? Wer schlägt wen?

Egon: Ein As, ein As!

Olga: Die schlagen sich beim Kartenspielen?

Egon: Olga! Tennis, Tennis! Die Steffi spielt!

Olga: Hübsche junge Frau, und soooo schlank. Schlanker als du, Egon. Schau dich doch mal im Spiegel an. Viel zu dick bist du, Egon. Das kommt vom Fernsehen.

Egon: Ich würde ja gern Tennis spielen, aber ...

Olga: Aber was?

Egon: Keine Zeit.

Olga: Du hast keine Zeit? Da muß ich lachen. Stundenlang sitzt du vor der Glotze. Besser wär's, du würdest einen Sport treiben!

Egon: Das verstehst du nicht, Olga. Wenn ich selber auf dem Tennisplatz wäre, könnte ich die Steffi nicht im Fernsehen sehen.

Olga: Egon, Egon ...

5

Textarbeit

Fragen zum Hören der Szene

- Wer spricht?
- Welche Meinung hat Olga?
- Warum spielt Egon nicht Tennis?

155

6
Elemente   *KONJUNKTIV II*

Beispiele: – **Ich würde gern radfahren, aber ich habe kein Fahrrad.**
           – **Er würde gern Tennis spielen, aber er hat keine Zeit.**

Formen:

ich würde gern schwimmen	**wir würden gern schwimmen**
Sie würden gern schwimmen **du würdest gern schwimmen**	**Sie würden gern schwimmen** **ihr würdet gern schwimmen**
er **sie } würde gern schwimmen** **es**	**sie würden gern schwimmen**

Vollständige Darstellung: Grundgrammatik Deutsch auf den Seiten 50–56

7 ⌣⌣
Bitte
sprechen Sie

Spielen Sie Tennis?
     → Ich würde gern Tennis spielen, aber ich kann nicht.
Spielen Sie Fußball?
Reiten Sie?
Fliegen Sie?
Kochen Sie?
Singen Sie in der Oper?
Kommt ihr mit?
Gehen Sie mit zum Pferderennen?
Tanzen Sie Tango?
Springen wir ins Wasser?

8
Suchen
und finden

Fußball ist toll.
     → Ja, ich würde gern Fußball spielen!
Tennis ist toll.
Pferde sind toll.
Afrika ist toll.
Rock'n' Roll ist toll.
Acapulco ist toll.
Mathematik ist toll.
Kamele sind toll.
Chinesisch ist toll.

9

Suchen
und finden

Treiben Sie Sport?

→ Nein. Wenn ich Zeit hätte, würde ich Sport treiben.

Spielen Sie Tischtennis?

→ Nein. Wenn ich Lust hätte, ...

Tragen Sie eine Perücke?
Schminken Sie sich?
Sprechen Sie Japanisch?
Boxen Sie?
Spielen Sie Handball?
Essen Sie Mücken?
Reiten Sie?
Fahren Sie Motorrad?

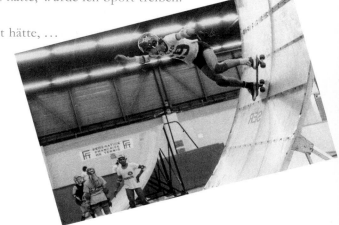

10

Elemente

KONJUNKTIV II (HILFSVERBEN)

Beispiele: Reiten Sie? — **Nein. Wenn ich mehr Geld hätte, würde ich reiten.**

Trinken Sie Milch? — **Nein. Wenn ich ein Kind wäre, würde ich Milch trinken.**

wirklich: unwirklich (Hypothese):

Formen: ich habe wenig Geld

ich hätte mehr Geld	**wir hätten mehr Geld**
Sie hätten mehr Geld **du hättest mehr Geld**	**Sie hätten mehr Geld** **ihr hättet mehr Geld**
er **sie } hätte mehr Geld** **es**	**} sie hätten mehr Geld**

ich bin erwachsen

ich wäre ein Kind	**wir wären Kinder**
Sie wären ein Kind **du wärst ein Kind**	**Sie wären Kinder** **ihr wärt Kinder**
er **sie } wäre ein Kind** **es**	**} sie wären Kinder**

11

Suchen
und finden

Möchten Sie ein Autor sein?

→ Ja, wenn ich ein Autor wäre, würde ich Tag und Nacht schreiben.

Möchten Sie ein Fischer sein?

Möchten Sie Pferde haben?   Möchten Sie am Meer wohnen?

Möchten Sie eine Prinzessin sein?   Möchten Sie einen Elefanten haben?

Möchten Sie ein Fotograf sein?   Möchten Sie eine Spanierin sein?

Möchten Sie Boxweltmeister sein?   Möchten sie ein Magier sein?

12

Studie   *Antwort im Konjunktiv II :*

(a) Kommst du mit ins Wasser?   Leider nicht. Wenn _____

_____ .

(b) Habt ihr Pferde?   Nein. Wenn _____

_____ .

(c) Claudia _____ so gern mit
dir Tennis spielen.   Ich _____ aber lieber mit dir _____ .

(d) Kommst du mit auf den Mount Everest?   Leider nein. Wenn _____

_____ .

(e) Ach Liebling, den Ring möchte ich!   Verstehe ich. Wenn ich mehr Geld _____

_____ .

(f) Komm, wir schwimmen über den See!   Ohne mich! Wenn _____

_____ .

(g) Ich fliege morgen nach Rio.   Nimmst du mich mit? Ich _____

_____ .

(h) Können Sie die Uhr reparieren?   Oh nein. Wenn ich Uhrmacher _____

_____ .

(i) Wieviel Gymnastik machen Sie täglich?   Nur zehn Minuten. Wenn _____

_____ .

(k) Gehört die Videokamera Ihnen?   Mir? Nein. Wenn _____

_____ .

13 ∞

Kleiner Dialog

Dirk: Siehst du das Mädchen auf dem Surfbrett – toll, nicht?
Uwe: Hm. Auf das Brett würde ich mich nie stellen.
Dirk: Nie? Warum nicht?
Uwe: Viel zu gefährlich! Das Wasser ist ja viel zu tief!
Dirk: Angsthase!

14

Variation

Führen Sie ähnliche Gespräche:

Skispringerin	Drachenflieger	Skispringer
Reiter	Reiterin	Tigerdompteur
Bergsteigerin	Schwimmerin	Taucher

15

Unterhaltung

Sammeln Sie, in kleinen Gruppen, möglichst viele Ideen (auf Kärtchen schreiben?) und tragen Sie Ihre Ideen im Plenum vor:

Was würde ich tun, wenn ich fliegen könnte ...

unsichtbar wäre ...

fünf Männer hätte ...

ein Schneemann wäre ...

mich verwandeln könnte ...

nackt wäre ...

der Teufel wäre ...

die Erde wäre ...

16

**Suchen
und finden**

Skifahren mag ich nicht.

→ Würdest du es nicht einmal probieren?

Den Saft mag ich nicht.

→ Würdest du ihn nicht einmal probieren?

Tischtennis mag ich nicht.

Schwimmen mag ich nicht.

Käsetorte mag ich nicht.

Schnaps mag ich nicht.

Auf dem Kamel reiten mag ich nicht.

Walzer tanzen mag ich nicht.

Volleyball mag ich nicht.

Die Schokolade mag ich nicht.

Jürgen, 16:
»Wenn ich König von Deutschland wäre, dann würde ich mir alles kaufen, was mir gefällt. Vorneweg gleich ein tolles Haus mit Swimmingpool.«

Sandra, 16:
»Wenn ich Königin von Deutschland wäre, würde ich nichts ändern! Mir gefällt es hier wie es ist – und zwar alles!«

Alexandra, 17:
»Wenn ich Königin von Deutschland wäre, würde ich als erstes die allgemeingültigen Moralbegriffe versuchen zu ändern, denn unwahrscheinlich viele Menschen haben Vorurteile. Das fängt schon bei Kleidung und Haarschnitt an. Ich würde alle Leute so erziehen, daß sie vorurteilsfrei und nicht mehr so egoistisch sind, außerdem sollte es keine so großen gesellschaftlichen Gegensätze mehr geben. Und ganz wichtig: ich würde die Mauer zwischen den beiden deutschen Staaten niederreißen lassen!«

Michael, 16:
»Wenn ich König von Deutschland wäre, dann würde ich erst einmal etwas gegen die hohe Arbeitslosigkeit bei uns tun. Dann würde ich jedem sein Recht auf Freiheit und so geben. Jeder soll tun und lassen können, was er will!«

Kerstin, 15:
»Ich würde erst einmal viel mehr für die Umwelt tun, denn so wie das bis jetzt läuft, ist es ja eine Schande.«

17

Textarbeit

zur Collage

Hier folgen acht Sätze. Wer von unseren fünf Jugendlichen könnte sie sagen?

a   Wir sind von der Natur abhängig und dürfen sie nicht zerstören.

b   Politik interessiert mich nur am Rande.

c   Ich möchte mich sozial engagieren.

d   Man soll auch an die anderen denken.

e   Man soll jede Gelegenheit ausnutzen.

f   Jeder ist sich selbst der Nächste.

g   Unsere Natur geht kaputt, wenn wir so weitermachen.

h   Ja ja, ich weiß, ich bin konservativ.

18
Gespräch

Thema: Was würden Sie in Ihrem Land ändern, wenn sie den nötigen Einfluß hätten?

Bitte bereiten Sie das Gespräch allein oder in kleinen Gruppen vor, machen Sie sich Notizen und tragen Sie dann Ihre Meinung im Plenum vor. Bringen Sie möglichst konkrete Beispiele. Diskutieren Sie Ihre Meinungen.

19
Elemente

DIE VORSICHTIGE BITTE

Die vorsichtige Bitte formulieren wir komplizierter als die direkte Bitte. Wir nehmen den Konjunktiv II. Wir beginnen diplomatisch:

Würden Sie ...
Hätten Sie ...
Könnten Sie ...

Unseren Wunsch sagen wir erst am Ende des Satzes:

Hätten Sie einen Moment Zeit?
Könnten Sie mir sagen ...
Würden Sie mir sagen ...

Wir verwenden hier oft das Modalverb *können* im Konjunktiv II:

Könnten Sie ...
Könntest du ...

20
Kombination

Frage:

Würdest du bitte die Tür aufmachen?
Könnten Sie mir 100,– DM leihen?
Würden Sie bitte das Licht ausmachen?
Könnten Sie mir den Zucker geben?
Hättest du einen Augenblick Zeit?
Könnten Sie mal schnell zu mir kommen?
Würden Sie mit mir nach Dover schwimmen?
Könnten Sie nicht etwas schneller fahren?

Antwort:

Nur im Sommer.
Natürlich, gern!
Die ist kaputt.
Für dich immer!
Nein, ich bin kein Selbstmörder.
Ich bin ärmer als Sie.
Sofort.
Das ist leider Salz.

161

21

**Suchen
und finden**

Geld? Hab ich nicht.

→ Hätten Sie nicht e i n e Mark für mich?

Kaffee? Hab ich nicht.	Honig? Hab ich nicht.
Zeit? Hab ich nicht.	Brot? Hab ich nicht.
Wein? Hab ich nicht.	Bier? Hab ich nicht.
Papier? Hab ich nicht.	Benzin? Hab ich nicht.
Tee? Hab ich nicht.	Aspirin? Hab ich nicht.

22

**Ihre Rolle,
bitte**

Bitte fragen Sie höflich.

Bitte antworten Sie positiv / negativ:

a	Geld wechseln	f	Zug nach Zürich
b	Zucker	g	20 Franken leihen
c	Uhrzeit	h	Tennisplatz
d	Schwimmbad	i	Pfeffer
e	Frühstück wann?	k	Auto mieten

23 ⊙⊙

Kleiner Dialog

Ali: Das ist doch kein Sport mehr.

Jupp: Stimmt, das ist kein Sport mehr, das ist Mord.

Dirk: Woher haben Sie denn das Messer?

Ali: Ich bin unschuldig, Dirk. Ich habe ja nichts Böses gewollt. Eigentlich ist es Otto gewesen.

24
Textarbeit

a   Beschreiben Sie das Bild auf Seite 162.

b   Wer ist der Mörder?

c   Wer ist Ali, wer Dirk, wer Jupp, wer Otto?

d   Erzählen Sie, was passiert ist.

25
Elemente

MODALPARTIKELN

Woher haben Sie denn das Messer?

Das ist doch kein Sport mehr!

Ich habe ja nichts Böses gewollt.

Das ist einfach Mord.

Eigentlich ist es Otto gewesen.

Die kleinen Wörtchen

denn   doch   ja   eigentlich   einfach

sind Modalpartikeln*. Sie haben keine wichtige Bedeutung. Man versteht den Text auch ohne die Modalpartikeln. Sie geben subjektive Akzente – so wie wir Salz oder Pfeffer in die Speise mischen. Besonders in Dialogen benutzen wir diese Wörtchen.

Wenn sie nicht sicher sind – benutzen Sie sie nicht.

denn (in der Frage) bedeutet: „das interessiert mich sehr"

doch
ja } bedeutet: „du weißt es auch"**

eigentlich bedeutet: „sieh es genauer an" (tieferer Aspekt)

einfach bedeutet: „das ist klar"

26
Suchen
und finden

Antworten Sie mit eigentlich:

Kommst du mit ins Kino?

   → Eigentlich wollte ich jetzt ins Bett gehen.

Trinkst du noch ein Glas?

Ihr Vorname ist Susi?   Ist dieses Buch Ihr ganzes Gepäck?

Tolles Auto! Haben Sie einen Führerschein? Lieben Sie Brahms?

Nehmen Sie noch Pudding?   Kommen Sie mit auf den Montblanc?

   * siehe auch: Sprachkurs Deutsch 1 auf Seite 191

   ** *doch* ist aggressiver als *ja*

27
Suchen
und finden

Antworten Sie mit doch *oder* ja:

Warum hast du ihn ermordet?

→ Ich bin doch unschuldig.

→ Ich bin ja unschuldig.

Warum hast du mir nichts erzählt?

→ Ich hatte ja keine Ahnung.

→ Ich habe doch nichts gewußt.

Warum hast du deine Frau nicht mitgebracht?
Warum nimmst du keine größere Wohnung?
Kommt ihr nicht mit zum Stadion?
Warum haben Sie aus Damaskus keinen Teppich mitgebracht?
Verzeihung, sind Sie nicht Brigitte Bardot?
Ich schlage vor, wir fliegen für vier Wochen auf eine einsame Insel.

28
Analyse

Bei welchen Sätzen paßt einfach, *bei welchen Sätzen paßt es nicht?*

a   Hier ist Ihre Suppe.
b   3000,– DM! Der Mantel ist zu teuer!
c   Ich habe heute keine Zeit.
d   Bitte bringen Sie mir nur eine Tasse Kaffee.
e   Das kann ich nicht übersetzen, das ist zu schwer.
f   In fünf Minuten kommen wir in Düsseldorf an.
g   Grüß Gott! Ich bin Nikolaus Neuner. Sagen Sie Nick.

Weitere Materialien zur Auswahl

29 ∞
Lesetext

Als Kind besaß ich einen primitiven Apparat, der sich bewegende Bilder auf
eine weiße Wand projizierte. Die Filmschleife mit dem Reiter war meine liebste.
Ich drehte und drehte die Handkurbel, um ihn immer wieder anzusehen. Den
kurzen Anlauf des Pferdes, den Sprung, das Weggaloppieren. Hör doch endlich
5 damit auf, sagte das Kinderfräulein, es ist ja immer dasselbe. Es war immer
dasselbe. Doch ich wollte nicht aufhören.

Anlauf, Sprung, Galopp. Das Leben. Mein Leben. Die Hürde nehmen. Immer
das gleiche. Und der Wunsch, es möge so weitergehen. Nie ist der Reiter
vom Pferd gefallen. Nie hat er die Hürde verfehlt. Solang ich die Kurbel

10 drehte. Doch die an den Enden zusammengeklebte Filmschleife ist manchmal gerissen. Dann weinte ich, bis ein Erwachsener kam und das Zelluloid wieder reparierte.

Jetzt muß ich das selber tun. Es fällt mir schwer. Ich habe es nicht gelernt.

GRETE WEIL

30
Textarbeit

Diese Geschichte besteht aus fünf Gedanken. Finden Sie die richtige Folge:

Nummer

_____ Immer wieder die gleiche Sensation

_____ Risse im Leben

___1___ Mein Apparat

_____ Lernen

_____ Mein Leben ist ein Überspringen

Schreiben Sie nun die fünf Gedanken in der richtigen Reihenfolge auf:

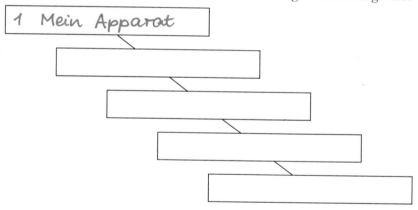

1 Mein Apparat

31
Textarbeit

a   Das Kind liebte den Film ganz besonders. Warum wohl?

b   Der Satz „solang ich die Kurbel drehte" hat eine besondere Bedeutung. Welche?

c   Die Autorin zeigt den Unterschied zwischen dem Leben des Kindes und dem Leben des Erwachsenen. Wie?

d   Es ist schwer („es fällt mir schwer", sagt die Autorin), den Film selbst zu reparieren. Warum?

32
Werkstatt

schriftlich und/oder
mündlich

Unterhalten Sie sich über diese drei Bilder. Produzieren Sie kleine Dialoge über die Fotos, nur zwei oder drei Zeilen. Benutzen Sie die Modalpartikeln.

Beispiel: Ist der Tiger denn echt, was meinst du? ...

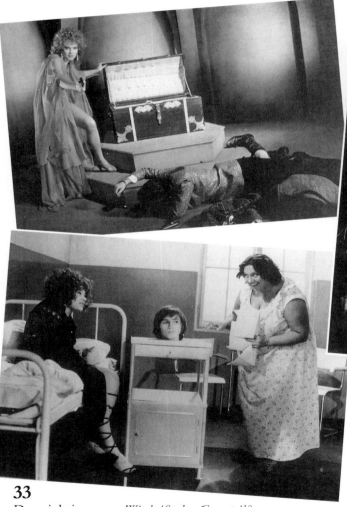

33
Das richtige
Wort

Wie heißt das Gegenteil?

aufwachen	froh	Kind	schmutzig	vorsichtig
Ausland	gefährlich	lachen	sich setzen	Zukunft
fortgehen	gleich	leider	schlank	
fremd	Jugend	Raucher	ungefähr	

34
Kontrolle

Frage (bitte im Konjunktiv II):   Antwort:

a *Würden Sie mir das Salz geben* ? Das ist Zucker.

b _____ ? Schau, ich fahre 32 km. Langsamer geht's nicht.

c _____ ? Gern, wenn du mir den Ball am Abend zurückbringst!

d _____ ? O.k. Diese 500 Schilling sind die letzten, die ich dir leihe.

e _____ ? Ich habe noch nie im Leben Tischtennis gespielt.

f _____ ? Tut mir leid, ich brauche das Buch heute selber.

g _____ ? Neeee. Wasch dir deine Strümpfe selber.

h _____ ? Gern. Aber ich bin ein schlechter Tänzer!

i _____ ? Krawatte binden? Das kann ich selber nicht.

k _____ ? Bitte, trinken Sie doch die Flasche leer.

l _____ ? Klar. Bringt uns die Räder doch morgen abend wieder zurück.

m _____ ? Ach, das tut mir leid, ich habe selbst keine Briefmarken mehr.

n _____ ? Heiraten? Dich? Vielleicht, wenn du endlich aufhörst zu stehlen.

Jeder richtige Satz 2 Punkte. Jeder verständliche (aber nicht korrekte) Satz 1 Punkt. Maximum 24 Punkte.

Kapitel 11

Kernprogramm

Freitag, 25. Dezember
Semperoper: 19 Uhr, Abraxas; Schau-
spielhaus: 19 Uhr, Der nackte Wahnsinn;
Staatsoperette: 19 Uhr, Die Csardasfür-
stin; Landesbühnen Sachsen: 19 Uhr,
Orpheus in der Unterwelt.
Sonnabend, 26. Dezember
Semperoper: 19 Uhr, Falstaff; Schau-
spielhaus: 19 Uhr, Amadeus; Staatsope-
rette: 19 Uhr, Die Csardasfürstin; Thea-
ter der jungen Generation: 10 und
16 Uhr, Die Zauberflöte; Landesbühnen
Sachsen: 19 Uhr, Rigoletto.
Sonntag, 27. Dezember
Semperoper: 19.30 Uhr, Elektra;
Schauspielhaus: 19 Uhr, Pfennig: Staatsoper
Wochenend: T

strie. Zu den international bekannten Erzeugnissen gehören
Röntgengeräte, Pentacon-Kameras und Arzneimittel aus Dresden, Möbel aus Hellerau sowie Porzellan aus Meißen.
Die Stadt Dresden ist in aller Welt als Zentrum der Kunst be-
kannt. Die Pflege musikalischer Traditionen (Staatskapelle, Phil-
harmonie, Kreuzchor) sowie wertvolle Kunstsammlungen (Gemäldegalerie Alte und Neue Meister, Grünes Gewölbe,
Porzellansammlung und andere) sind weit über die Landesgren-
zen hinaus bekannt. Vier Millionen Besucher aus dem In- und
Ausland kommen jährlich nach Dresden, um vor allem den
Zwinger, die wiedererstandene Semperoper, die Schlösser und
Parks (Pillnitz, Moritzburg) sowie das neue Stadtzentrum zu sehen.
Mit dem Elbsandsteingebirge
sitzer Bechsel 1987/88

STAATLICHE KUNSTSAMMLUNGEN DRESDEN

Donnerstag ... ember 1987
...nuseen geschlossen
Freitag, 1. Januar 1988
Gemäldegalerie Alte Meister
13 bis 16 Uhr
Historisches Museum
13 bis 16 Uhr
Porzellansammlung –
geschlossen
Museum für Volkskunst
13 bis 17 Uhr
Albertinum (Grünes G...
Skulpturensammlung...
binett) 13 bis 16 ...

... Dezember 1987
...äldegalerie Alte Meister
10 bis 16 Uhr
Historisches Museum
10 bis 16 Uhr
Porzellansammlung
10 bis 16 Uhr
Museum für Volkskunst
10 bis 14 Uhr

Älteste Ansicht der Stadt Dresd...

30

... die sowjetische
Hauptstadt gekommen.
**MIT DEM BALLETT „ABRA-
XAS"** von Werner Egk brachte
die Staatsoper Dresden in der
Semperoper die letzte Premiere
dieses Jahres heraus. Die Insze-
nierung und Choreographie von
Konstantin Russu wurden mit
viel Beifall aufgenommen. Die
musikalische Leitung des Abends

1 ∞

Kleiner Dialog   A   Entschuldigung, können Sie mir sagen, wo die Oper ist?
                  B   Gleich da vorn.
                  A   Und wissen Sie, wann die Vorstellung anfängt?
                  B   Um sieben. In einer Viertelstunde.
                  A   Vielen Dank.

2 ⊙⊙
Variation

T   Verzeihung, wissen Sie, wo das Theater _____ ?

U   Das Schauspielhaus? Hier links.

T   Und bitte, können Sie mir vielleicht sagen, wann die Vorstellung

_____ ?

U   Ich glaube, um 19 Uhr.

T   Oh, dann muß ich mich beeilen. Vielen Dank.

3
Studie

Bitte ergänzen Sie anfangen / bekommen / dauern / kosten / sein / zu Ende sein:

a   Können Sie mir sagen, wann der Film _____ ?

b   Wissen Sie, wo das Opernhaus _____ ?

c   Weißt du, wann die Vorstellung _____ ?

d   Wissen Sie, wo die Garderobe _____ ?

e   Darf ich mal fragen, wo ich hier Theaterkarten _____ ?

f   Sie wissen sicher, wo die Gemäldegalerie _____ ?

g   Was _____ die Eintrittskarte?

h   Ich weiß nicht, wie lange der Film _____ .

4
Elemente   *DIE FRAGE*

Direkte Frage	Indirekte Frage
W-Fragen:	
1 Wo ist der Konzertsaal? **2 Wann beginnt das Symphoniekonzert?** **3 Was kosten die Karten?**	**Können Sie mir sagen,** wo **der Konzertsaal ist?** **Wissen Sie,** wann **das Symphoniekonzert beginnt?** **Haben Sie eine Ahnung,** was **die Karten kosten?**
Ja-Nein-Frage:	
4 Gehen Sie auch in das Konzert?	**Darf ich fragen,** ob **Sie auch in das Konzert gehen?**

Mögliche Varianten:

Ich habe keine Ahnung,
Ich möchte wissen,   } **was die Karten kosten.**
Es ist mir egal,

169

5
Kombination

Ich suche am Kiosk	eine Uhr?
Sagen Sie mir schnell,	wie alt Sie sind?
Haben Sie	wo die Poliklinik ist!
Darf ich indiskret fragen,	einen Stadtplan.

6
Kombination

Der Arzt will wissen,	warum du mich immer anlügst.
Ich bitte Sie	wie ich zur Kreuzkirche komme.
Bitte erklären Sie mir noch mal,	um eine Auskunft.
Ich verstehe nicht,	ob du noch Schmerzen hast.

7
Kombination

Schau doch mal im Fahrplan,	Dresdner?
Kennen Sie	wann der Zug nach Rostock abfährt.
Ist es möglich,	den Regisseur Krüger?
Sind Sie	daß wir uns schon mal gesehen haben?

8
Analyse

Formulieren Sie die einfache direkte Frage:
Können Sie mir sagen, wo das Museum ist?
→ Wo ist das Museum?
Können Sie mir sagen, wo die Kreuzkirche ist?
Haben Sie eine Ahnung, wo die Oper ist?
Wissen Sie, ob es heute eine Vorstellung gibt?
Können Sie mir sagen, was die Karten kosten?
Ich weiß nicht, wo der Große Garten ist.
Sie wissen vielleicht, ob der Große Garten heute geöffnet ist?
Ich würde gerne wissen, was der Eintritt kostet.
Wir wissen noch gar nicht, wo wir heute übernachten.
Vielleicht wissen Sie, wo ein gutes Hotel ist?

9 ⊙⊙
Bitte
sprechen Sie

Wo ist die Oper?
→ Wo die Oper ist, das kann ich Ihnen sagen.

Wo ist das Theater?	
Wann beginnt die Vorstellung?	Wo ist das Schauspielhaus?
Wo ist die Gemäldegalerie?	Was steht auf dem Spielplan?
Was kostet der Eintritt?	Wo ist die Theaterkasse?

10

Elemente   *DAS VERB DIRIGIERT DEN SATZ*

Sagen Sie mir doch den Preis der Konzertkarte.

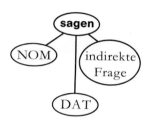

Sagen Sie mir doch, was die Konzertkarte kostet.

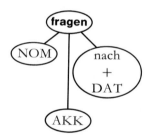

Ich frage den Portier nach dem Telegramm.

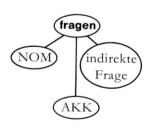

Ich frage den Portier, ob das Telegramm angekommen ist.

171

1

2

3

Dresden ist – neben Wien – die wichtigste Musikstadt im deutschsprachigen Raum. Die Komponisten Heinrich Schütz, Carl Maria von Weber, Richard Wagner, Richard Strauss, Paul Hindemith haben hier gearbeitet und dirigiert. Die Dresdner Oper (1985 wiedereröffnet) setzt heute ihre große Tradition fort.

Musik, Tanz, Theater, Malerei, Literatur und Kunsthandwerk haben sich hier besonders reich entwickelt. Die großartige Kulisse für dieses künstlerische Leben entstand in der Barockzeit. Alle bedeutenden Kirchen und Paläste Dresdens stammen aus dem 18. Jahrhundert.

Dresden wurde am 13. Februar 1945 durch Bomben zu 95% zerstört, nur das historische Zentrum wurde wieder aufgebaut.

4

5

6

1 Der Zwinger
3 Die Semperoper
5 Die Elbe mit Dresden im Hintergrund
6 Das Lutherdenkmal vor der
  Ruine der Frauenkirche
8 Die „Sixtinische Madonna" von
  Raffael in der Gemäldegalerie

7

8

11

Lesetext

eingeführt als
Lückendiktat
(Diktattext im
Lehrerheft)

Deutschland _____ seit 40 Jahren aus zwei _____ .

40 Jahre lang wurden Klischees aufgebaut – Westklischees im Osten,

Ostklischees im Westen. 40 Jahre lang waren die _____ Staaten

durch einen wahrhaft _____ Vorhang getrennt.

Am 9. November 1989 hat sich der Vorhang _____ .

Seitdem haben die Deutschen neu zu lernen.

Die Deutschen (Ost) versuchen, mißtrauisch und vorsichtig, ihre ersten

_____ Schritte in die _____ und

Demokratie zu tun. Die Deutschen (West) stehen vor der Arbeit,

_____ zu üben, eine Kritik an ihrem

_____ und ihrer Selbstzufriedenheit. Das

_____ ist ebenso hart und notwendig im Westen wie im Osten.

10 Lösungen

12 ⊙⊙

**Hören und
verstehen***

a Welche Nummer hat das „Telefon des Vertrauens" in Dresden?
b Für wen ist dieses Telefon da?
c Wo gab es das erste Telefonhilfswerk kirchlicher Art?
d Nicht alle Mitarbeiter der Telefonseelsorge sind Kirchenleute. Nennen Sie zwei oder drei andere Berufe.
e Die meisten Anrufer sind ältere/jüngere Leute.
f In Dresden hat man mit dem „Telefon des Vertrauens" gute/schlechte Erfahrungen gemacht.

13

Unterhaltung

Mögliche Fragen
im Anschluß an
Nummer 12

a Wer ruft an?
b Um welche Probleme kann es zum Beispiel gehen?
c Die Mitarbeiter im Telefondienst bleiben anonym. Warum?
d Würden Sie dort anrufen, wenn Sie Probleme hätten?
e Würden Sie im Telefondienst mitarbeiten?
f Braucht man ein Training, um dort mitzuarbeiten? Wie soll das Training aussehen?

* Der Hörtext ist ein Auszug aus einem Bericht in der DDR-Zeitung „Die Union" (Dresden/Karl-Marx-Stadt), 24.12.1987, S. 9

14

Suchen
und finden

Ein höflicher Beamter fragt Sie nach Ihrem Namen:
„Darf ich fragen, wie Sie heißen?"
Bitte fragen Sie ebenso nach

Geburtstag	Beruf des Vaters
Geburtsort	Schule
Heimatadresse	Studium
Land	Examen
Name der Eltern	Beruf oder Berufsziel

15

Studie

a   Ich weiß nicht, _____ alt Eva ist, aber sie hat einen achtjährigen Sohn. Sie ist vielleicht …

b   Ich weiß nicht, _____ Michael verheiratet ist, aber man sieht ihn auf Partys, im Kino, im Café immer allein. Wahrscheinlich …

c   Ich weiß nicht, _____ Claudia beruflich macht, aber sie ist immer ausgezeichnet frisiert und geschminkt. Sie könnte …

d   Ich weiß nicht sicher, _____ Hermann beruflich macht. Aber er hat eine überlaute Stimme, in seinem Haus müssen alle machen, was er sagt. Wahrscheinlich …

e   Ich weiß nicht, _____ alt Knut ist, aber er kann gerade aufrecht stehen. Ich denke, …

f   Ich weiß nicht genau, _____ Karsten wohnt, aber er hat immer schmutzige Schuhe. Wahrscheinlich …

g   Karl hat nicht gesagt, _____ lange er bei uns zu Gast bleiben will, aber er hat zwei riesige Koffer mitgebracht. Ich fürchte, …

h   Ich weiß nicht bestimmt, _____ Peer beruflich macht, aber er korrigiert alle Leute und will immer der Klügere sein. Vielleicht …

Weitere Materialien zur Auswahl

16
Das richtige Wort

Adjektive :	*Verben :*	*Adjektive :*	*Verben :*
wach	*wachen*	stark	_____
kühl	_____	süß	_____
kurz	_____	warm	_____
leer	_____	_____	altern
reif	_____	_____	trocknen

Und woher kommen die Verben *vergrößern, verlängern, sich verspäten, vertrocknen, sich verjüngen?*

17

Kontrolle

(In manchen Sätzen mehrere Möglichkeiten)

a Können Sie mir sagen, _____ die Universität ist?

b Wissen Sie, _____ die Vorlesung anfängt?

c Können Sie mir sagen, _____ das Buch kostet?

d Ich weiß leider nicht, _____ die Dame gegangen ist.

e Weißt du, _____ Christoph wohnt?

f Ich habe keine Ahnung, _____ das Theaterstück zu Ende ist.

g Bitte, ich möchte wissen, _____ der Kurs kostet.

h Mich würde interessieren, _____ Sie Herrn Schreyer kennen.

i Bitte sagen Sie mir doch, _____ Sie zurückkommen!

k Weißt du, _____ das Buch gehört?

l Keine Ahnung, _____ den Brief unterschrieben hat.

m Bitte sag mir, _____ du einverstanden bist oder nicht.

12 Lösungen

Rotterdam, 14. Mai 1940

Picasso unter seinem Bild „Guernica". 1938

Bomben auf Zivilisten

1932	Schwere japanische Luftangriffe auf die Zivilbevölkerung in Shanghai.
26. 4. 1937	Deutsche Bomben zerstören die baskische Stadt Guernica.
14. 5. 1940	Deutsche Bomben zerstören Rotterdam.
1929–1943	Der französische Flieger A. de Saint-Exupéry schreibt Bücher zum Thema Menschlichkeit und Verantwortung.
13. 2. 1945	Dresden (70000 Todesopfer).
6. 8. 1945	Hiroshima (260000 Todesopfer)

Hiroshima, 9. August 1945

Dresden, 13. Februar 1945

Prosodisches Zwischenspiel

1 👓
Elemente

AUSSAGE UND BITTE

Die Prosodie – das Auf und Ab der Stimme beim Sprechen – erfüllt im Deutschen zwei Aufgaben: eine syntaktische und eine expressive Aufgabe.

Syntaktischer Akzent

Am Ende einer Aussage oder Bitte senken wir die Stimme:

Ich kenne die Oper.

Er ist Kunstmaler.

Sie hat ihr Auto verkauft.

Langsam aber sicher wurde ich ungeduldig.　**Kommen Sie hierher!**

Expressiver Akzent

Emotionales Sprechen: die Stimme hebt die wichtigsten Momente des Satzes heraus. Bei geringer Emotion bleibt der Unterschied gering, bei starker Emotion wird er groß.

Ich kenne die Oper.　　**Ich kenne die Oper.**

oder

Ich habe keinen Pfennig Geld mehr.　**Ich habe keinen Pfennig Geld mehr.**

oder

2
Studie

Schreiben Sie sieben oder acht kurze Sätze nieder.
Markieren Sie

　a) neutrales Sprechen (also den syntaktischen Akzent)
　b) emotionales Sprechen (also den expressiven Akzent).

Lesen Sie die Sätze laut.

Kapitel 12

Kernprogramm

1 ⊙⊙
Bitte
sprechen Sie

Der Film ist aus.
→ Schade, daß der Film aus ist!
Das Hotel ist zu.
Der Geldbeutel ist leer.
Der Motor ist kaputt.
Der Kaffee ist kalt.
Das Konzert ist aus.

Der Reifen ist platt.
Die Flasche ist leer.
Der Laden ist zu.
Der Tresor ist leer.

2 ⊙⊙
Bitte
sprechen Sie

Der Doktor kommt nicht.
→ Dumm, daß er nicht kommt!
Das Seminar ist geschlossen.
Das Buch ist weg.
Die Bibliothek ist zu.
Das Manuskript ist verschwunden.
Das Geld ist aus.

Die Uhr ist kaputt.
Der Kühlschrank ist leer.
Harald kommt nicht.
Maria hat einen anderen Mann.

3 ⊙⊙
Bitte
sprechen Sie

Kommst du?
→ Ich weiß noch nicht, ob ich komme.
Heiratet ihr?
→ Wir wissen noch nicht, ob wir heiraten.

Unterschreibt ihr?
Wählst du meine Partei?
Bestehst du die Prüfung?
Genügt das Geld?

Kommt ihr?
Schreibst du mir bald?
Arbeitet ihr mit?
Gewinnst du den Preis?

4 ⊙⊙

Bitte
sprechen Sie

Ja, ich unterschreibe.
→ Gut, daß du unterschreibst.

Ja, ich komme.
Ja, ich bin wieder gesund.
Ja, ich heirate.
Ja, ich bin einverstanden.
Ja, wir kommen mit.

Ja, ich bin satt.
Ja, ich habe deine Partei gewählt.
Ja, wir sind einverstanden.
Ja, das Baby ist gesund.

5

Elemente

daß / ob

eine Frage:

Ich weiß noch nicht, ob ich den Preis gewinne.
=Gewinne ich den Preis?

Ich habe keine Ahnung, ob das Bild echt ist.
=Ist das Bild echt?

keine Frage:

Ein Glück, daß ich den Preis gewonnen habe!
= Ich habe den Preis gewonnen.

Ich glaube, daß das Bild echt ist.
= Das Bild ist echt.

Ich glaube nicht, daß das Bild echt ist.
= Das Bild ist nicht echt.

6

Suchen
und finden

Ich habe Zahnschmerzen.
→ Höchste Zeit, daß du zum Zahnarzt gehst!

Ich kann kein Englisch.
Ich bin todmüde.
Ich bin total unsportlich.
Ich habe Fieber.
Ich habe einen wahnsinnigen Durst.
Ich kann nicht lesen.
Unsere Wohnung ist zu klein.
Ich habe keinen Führerschein.
Wir haben keine Kinder.

7
Suchen
und finden

a Ich als Komponist wünsche mir, daß alle meine Lieder singen.
b Ich als Maler wünsche mir, daß
c Ich als Reitlehrerin
d Ich als Friseur
e Ich als Katze
f Ich als Skilehrer
g Ich als Schauspielerin
h Ich als Autohändler
i Ich als Dompteur
k Ich als Maus
l Ich als Pfarrer
m Ich als Buchautor
n Ich als Archäologe
o Ich als Pelzhändler
p Ich als Zahnärztin
q Ich als Mutter
r Ich als Filmstar
s Ich als Kamel
t Ich als Architekt
...
...

8 ☺☺
Bitte
sprechen Sie

Gehen Sie in die Kirche?
→ Ob ich in die Kirche gehe oder nicht, das ist meine Privatsache.

Haben Sie Kinder?
Sind sie reich?
Sind Sie verheiratet?
Nehmen Sie Haschisch?
Waschen Sie sich täglich die Haare?
Sind Sie Kommunist?
War Ihr Urgroßvater ein Affe?

Johann Carl Fuhlrott

9
Lesetext

Einige Arbeiter entdeckten im August 1856 im Neandertal bei Düsseldorf ein paar alte Knochen. Sie hielten sie zunächst für die Reste eines Bären. Den Teil eines Schädels und einige lange Knochen brachten sie dem Lehrer Johann Carl Fuhlrott. Fuhlrott erkannte, daß die Knochen von einer sehr
5 frühen, primitiven Menschenrasse stammen mußten.

Fuhlrott stellte seinen sensationellen Fund in der Bonner Universität vor. Aber die meisten Wissenschaftler lachten ihn aus. Kaum einer wollte glauben, daß die Knochen wirklich alt waren.

Der Göttinger Anatom Wagner war sicher, daß der Schädel einem holländi-
10 schen Bauern gehörte. Der Bonner Anatom Meyer fragte, ob die Knochen nicht von einem russischen Soldaten von 1814 stammten. Der Engländer Pruner wußte genau, daß der Schädel typisch keltisch war, und Blake hielt ihn für den Schädel eines Idioten. Der berühmte Arzt Virchow war sicher, daß der Schädel von einem alten kranken Menschen der Neuzeit stammen mußte.

15 Drei Jahre nach dem Fund im Neandertal erschien das Werk „Die Entstehung der Arten" von Charles Darwin, und wieder zwölf Jahre später sein Buch „Die Herkunft des Menschen". Immer lauter wurde die Frage diskutiert, ob wir wirklich die Urenkel von Adam und Eva sind und vom Paradies kommen.

Erst im Jahre 1886 untersuchte man die Neandertalfunde mit exakten wissen-
20 schaftlichen Methoden. Nun gab es keinen Zweifel mehr, daß der Schädel vom Neandertal ein sichtbarer Beweis für die Evolution des Menschen war.

10

Textarbeit   *Steht das im Text?*

☐ ja ☐ nein	(1)	Der Fund im Neandertal war ein Beweis für die Evolutionstheorie.
☐ ja ☐ nein	(2)	Die Knochen stammten von dem bekannten Professor Virchow.
☐ ja ☐ nein	(3)	Die Knochen stammten von einem Bären.
☐ ja ☐ nein	(4)	Die Arbeiter entdeckten die Knochen in der Nähe von Düsseldorf.
☐ ja ☐ nein	(5)	Fuhlrott stand fast allein mit seiner Meinung, daß die Knochen echt waren.
☐ ja ☐ nein	(6)	Der Neandertaler gehörte zu einer sehr frühen Menschenrasse.
☐ ja ☐ nein	(7)	Die Knochen stammten von einem Kranken.
☐ ja ☐ nein	(8)	Die Neandertaler haben die Stadt Düsseldorf gegründet.
☐ ja ☐ nein	(9)	Der Schädel gehörte einem holländischen Bauern.
☐ ja ☐ nein	(10)	Seit 1886 haben wir die richtige Interpretation des Fundes.

11
Textarbeit

Ordnen Sie diese fünf Überschriften nach den Teilen unseres Textes:

_____ Fremde Interpretationen

_____ Der Fund im Neandertal

_____ Der Neandertaler – ein konkreter Beweis

_____ Fuhlrott vor den Experten

_____ Die Evolutionstheorie

12
Textarbeit

a   Was hat Darwin mit dem Neandertaler zu tun?

b   Warum wollten die Experten zuerst nicht an das Alter des Schädels glauben? Suchen Sie mehrere Gründe.

c   Denken Sie, daß Fuhlrott ein großer Naturwissenschaftler war?

d   Wer kennt die Geschichte von Adam und Eva? Erzählen Sie sie.

Neandertal bei Düsseldorf, vor 1860

13
Das richtige
Wort

Finden Sie ein oder mehrere Nomen zu diesen Verben:

beweisen   *der Beweis, e*

entdecken   entwickeln   finden   gewinnen   nennen   ordnen
schließen   sprechen   trinken   unterrichten   untersuchen
verstehen   waschen   wissen   ziehen

14 ಠಠ
Hören und
verstehen

Finden Sie eine gute Antwort!

Weitere Materialien zur Auswahl

15
Das richtige
Wort

Finden Sie die Druckfehler:

a   Dr. Schöll ist Religionsleerer am Luthergymnasium.
b   Ein toller Pianist. Sehen Sie seine schönen, feinen Hunde!
c   Die schöne Schlange, das ist seine Sekretärin.
d   Besonders an Weihnachten wird vielen klar: Es gibt zu wenig Diebe unter
den Menschen.
e   Es ist kalt. Mütze und Mandel nicht vergessen!
f   Nach dem Tanzen gab es oft die interessantesten Diskossionen.
g   Vater und Mutter, beide sind Lehrer. Aber ihre eigenen Rinder haben
sie miserabel erzogen.
h   Ich brate Ihnen, gehen Sie zum Arzt.

Kommt Eva aus Afrika?

Die Wiege des Menschen liegt wahrscheinlich in Afrika. Skelettfragmente der ersten Menschen, die man dort fand, werden heute bis auf ein Alter von 3,8 Millionen Jahren datiert. Zweifel allerdings gibt es über die Geburtsstätte des *modernen* Menschen – des *Homo sapiens sapiens.*

Bei mehreren afrikanischen Fundplätzen wurden fossile Überreste des modernen Menschen entdeckt. Besonders aufschlußreich ist die Datierung der Funde. Mit einem Alter zwischen 80 000 und 115 000 Jahren gehören sie zu den ältesten Zeugnissen des wirklich modernen Typs. Das spricht für eine Theorie, die wiederum Afrika ins Zentrum der stammesgeschichtlichen Entwicklung stellt. Denkbar ist, daß sich der Homo sapiens sapiens vor etwa 200 000 Jahren in Afrika entwickelt hat und vor vielleicht 100 000 Jahren zur Besetzung der übrigen Welt aufgebrochen ist.

Süddeutsche Zeitung 23. 11. 87 (Nr. 269)

16
Kontrolle

a   Es ist nicht sicher, _____ der afrikanische Urmensch schon das Feuer hatte.

b   Wir nehmen an, _____ der Urmensch schon eine Art Sprache gehabt hat.

c   Kein Zweifel, _____ der Urmensch aufrecht gegangen ist.

d   _____ der Mensch vom Affen abstammt, das galt früher als eine philosophische Frage.

e   _____ der menschliche Körper vom Tier herkommt, ist heute bewiesen.

f   Aber noch keiner konnte die Frage beantworten, _____ der menschliche Geist kommt.

g   Die Frage bleibt, _____ die Grenze zwischen Tier und Mensch liegt.

h   Die Frage, _____ die Sprache entstand, kann niemand überzeugend beantworten.

8 Lösungen

Prosodisches Zwischenspiel

1
Elemente
⊙⊙

FRAGE

Syntaktischer Akzent

A. W-Frage (Fragewort am Anfang):

Auch am Ende einer W-Frage senken wir die Stimme.

Wie heißen Sie?

· ● ·

Wann sind Sie angekommen?

· · · ● · · ↘

Wo wohnt er?

· ● ↘

B. Ja-Nein-Frage (Verb am Anfang):

Am Ende einer Ja-Nein-Frage heben wir aber die Stimme.

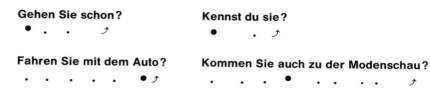

Expressiver Akzent

A. W-Frage:

Warum sagst du kein Wort?

oder

Woher kommst du so spät?

oder

B. Ja-Nein-Fragen werden noch intensiver, wenn wir die Haupt-
    betonung tief legen.

Gehen Sie schon?

oder

Bist du verrückt geworden?

oder

2
Studie

Schreiben Sie fünf W-Fragen und fünf Ja-Nein-Fragen nieder. Markieren Sie

a) neutrales Sprechen (also den syntaktischen Akzent)
b) emotionales Sprechen (also den expressiven Akzent).

Lesen Sie die Fragen laut.

Kapitel 13

Materialien zur Auswahl

(In diesem Kapitel kein obligatorischer Teil)

1 ⊙⊙
Bildgeschichte X / *MÄRCHEN*

1   Es waren einmal drei Schwestern. Zwei waren herrisch und stolz. Die dritte, Aschenputtel, mußte die andern bedienen. Als die zwei Stolzen zu einem Fest gingen, blieb Aschenputtel allein.

2   Doch Aschenputtel kannte eine gute Fee. Die gab ihr eine goldene Kutsche, ein goldenes Kleid und silberne Schuhe.

3   Keiner erkannte Aschenputtel, als sie auf dem Fest erschien. Der Prinz nahm sie an der Hand und tanzte mit ihr allein die ganze Nacht.

4   Als das Fest zu Ende war, lief Aschenputtel fort so schnell wie der Wind. Da verlor sie ihren Schuh.

5 Als der Prinz den Schuh fand, schickte er einen Boten durchs ganze Land: wem der Schuh gehörte, der sollte ins Schloß kommen.

6 Alle Frauen gingen ins Schloß, und alle wunderten sich, als der silberne Schuh dem unbekannten Mädchen paßte.

7 Da erschien die Fee wieder und warf das goldene Kleid über sie. Und als der Prinz sie erkannte, sprach er: „Du bist die rechte Braut!"

8 Es gab eine Hochzeit mit Jubel und Tanz. Und wenn sie nicht aufgehört haben, tanzen sie heute noch.

2

Studie   *Vollenden Sie die Sätze, immer im Präteritum:*

a Die beiden Stolzen saßen im Salon, Aschenputtel in der Küche. Wenn die beiden einen

Wunsch hatten, mußte _____

_____ .

b Als die beiden zum Fest gingen, _____

_____ .

c Aber als Aschenputtel die gute Fee rief, _____

_____ .

d Niemand wußte, wer Aschenputtel war, als _____

_____ .

e Als das Fest zu Ende war, _____

_____ .

f Als der Prinz den Schuh fand, _____

_____ .

3

Elemente   *NEBENSATZ (ZEIT)*

Unterscheidung **als / wenn**

		Gegenwart und Zukunft	Vergangenheit
nur einmal	Ereignis	**wenn**	**als**
	Zustand	**wenn**	**als**
immer wieder (häufige Wiederholung derselben Situation)		**wenn**	**wenn**

Beispiele:

		Gegenwart und Zukunft	Vergangenheit
nur einmal	Ereignis	**Wenn das Konzert aus ist, bin ich froh.**	**Als das Fest zu Ende war, lief Aschenputtel fort.**
	Zustand	**Wenn ich einmal alt bin, lese ich Goethes Faust.**	**Als Aschenputtel noch zu Hause wohnte, mußt sie von früh bis spät in der Küche arbeiten.**
immer wieder (häufige Wiederholung derselben Situation)		**Immer wenn du dich ärgerst, beginnst du zu schreien.**	**Immer wenn der Prinz das Mädchen umarmen wollte, verschwand es in der Nacht.**

4

Studie   *Ergänzen Sie* als *oder* wenn:

a _____ ich die Tänzerin sah, schlug mein Herz doppelt so schnell.

b _____ ich sie zum Tanzen aufforderte, sagte sie nichts.

c Immer _____ ich sie nach ihrem Namen fragte, lachte sie nur und guckte an mir

vorbei.

d Immer _____ ich sie umarmen wollte, verschwand sie.

e _____ sie in ihr Auto stieg, verlor sie ihren Schuh.

f Ich schickte alle meine 90 Detektive ins Land. Ach, ich bin immer ganz krank, _____ ich so verliebt bin!

g Hoffentlich werden sie das Mädchen finden. Und hoffentlich werden sie mich sofort benachrichtigen, _____ sie sie finden!

h Sie ist gekommen! _____ sie eintrat, war ich gesund!

5

Studie   *Ergänzen Sie Nebensätze mit* als *oder* wenn:

a Um zwei Uhr war die Party zu Ende. _____ , schliefst du schon.

b Heute früh, _____ , schien die Sonne.

c Ich nahm ein Bad. _____ , war es schon zehn.

d Ein Brief ist gekommen! _____ , lag ein Scheck über 1000,– DM drin!

e So viel Geld! _____ , bin ich ganz happy.

f Es läutete. _____ , stand Katharina mit ihren sieben Kindern vor der Tür.

g Die Untersuchung dauerte zwanzig Minuten. _____ , sagte der Arzt: Das kostet nichts.

h Wir warten schon vier Stunden. _____ , werde ich nervös.

i Ich weiß nicht, ob Petra einverstanden ist. Heute abend, _____ _____ , will ich sie fragen.

k Letzte Woche wollte er mich heiraten. Aber _____ , konnte er sich an nichts erinnern.

6
Lesetext

Als die Araber und Türken den Kaffee nach Mitteleuropa brachten, verstand man ihn zuerst nur als Medizin und nahm ihn in kleinsten Mengen. Erst als um 1670 die ersten Bücher den Gebrauch des Kaffees lehrten, begriff man, daß der Kaffee zum Trinken da ist.

5 Das erste richtige Kaffeehaus war Will's Café in London – ein Herrenclub, wo sich die Schriftsteller trafen und ihre politischen und literarischen Gespräche führten.

Als in Paris die ersten türkischen Cafés aufmachten, war es für die Damen noch unmoralisch, solche Lokale zu betreten. Aber schon um 1720 gab es
10 über dreihundert Cafés in Paris.

Der Kaffee ist für die rationalistische Epoche charakteristisch, denn er ist ein Getränk, das den Menschen hellwach macht. Voltaire zum Beispiel konnte ohne dieses Getränk nicht leben und arbeiten.

Das Wiener Kaffeehaus ist weltberühmt wie der Wiener Walzer. Das Kaffee-
15 haus wurde zum Treffpunkt der österreichischen Künstler und Dichter – von Nestroy bis Karl Kraus, der bekanntlich sagte: „Ich arbeite im Kaffeehaus besser als ein anderer in seinem Geschäft."

7
Textarbeit

a   Finden Sie für die fünf Teile unseres Textes fünf Überschriften und finden Sie dann eine Überschrift für den ganzen Text.

b   Versuchen Sie, in unserem Text die Wörter herauszufinden, die ursprünglich nicht aus dem Deutschen stammen.

8
Studie

Bitte ergänzen Sie die Konjunktionen | Fragewörter :

a   Wußten Sie, _____ Kaffeesorten es gibt? Rund 4500 Sorten.

b   _____ der Kaffee nach Mitteleuropa kam, hielt man ihn für eine Arznei.

c   Erst viel später begriff man, _____ der Kaffee ein richtiges Getränk ist.

d   Die wenigsten wissen, _____ der Kaffee in Wirklichkeit kommt, nämlich aus Äthiopien.

e   _____ Sie einmal in einem österreichischen Kaffeehaus sitzen und etwas Besonderes probieren wollen, bestellen Sie sich einen Einspänner.

f   Sie wissen nicht, _____ ein Einspänner ist? Ein Mokka mit besonders viel Sahne, im Glas serviert.

9
Suchen
und finden

Magst du Kaffee?
→   O ja, vor allem türkischen.

Mögen Sie Tee?
Mögen Sie Käse?   Magst du Orangen?
Magst du Kirschen?   Magst du Knödel?
Mögt ihr Honig?   Mögt ihr Cognac?
Mögen Sie Sauerkraut?   Magst du Bier?

10
Studie

Julia: Genau das! Das suche ich schon lange! Hier, dieser

_____ Teppich aus dem neunzehnten Jahrhundert! Den muß ich haben.

Bruno: Aber Julia, wohin willst du denn den _____ Teppich legen? Die ganze Wohnung ist voll mit den

_____ Sachen.

Julia: Du _____ Geizkragen!

Bruno: Kannst du nicht mal andere, _____ Dinge kaufen?

Julia: Ach Bruno, du verstehst nichts von _____ Kultur.

11 ⊙⊙
Szene

Teppichhändler:	Ist die Frau Mama zu Hause?
Veronika:	Nein. Was hast du da?

Teppichhändler: _____ Teppiche, sehr billig!

Veronika: Was kostet der _____ Teppich da?

Teppichhändler: Das ist ein sehr _____ Teppich. Nur 2000 Mark.

Veronika: O.K. Ich nehme den _____ Teppich.
Teppichhändler: Moment, der kostet 2000 Mark.
Veronika: Geld haben wir. Kann der Teppich fliegen?
Teppichhändler: Fliegen?? – Nein.

Veronika: Dann ist das ein ganz _____ Teppich. Den nehme ich nicht. Adieu.

12
Suchen
und finden

Das Bild interessiert Sie?
→ Ja, ich suche ein modernes Bild.
Die Uhr interessiert Sie?
→ Ja, ich suche eine gute Uhr.
Der Spiegel interessiert Sie?
Die Vase interessiert Sie?
Die Gläser interessieren Sie?
Der Teppich interessiert Sie?
Die Lampe interessiert Sie?
Das Holzpferd interessiert Sie?
Die Bücher interessieren Sie?
Der Globus interessiert Sie?

13
Studie

Selma: Hier: „In Harmonie mit dem Kosmos!" – „Horoskop der Liebe!" – „120 Jahre alt durch Joghurt!" – „Goethe und der Fruchtsalat!"

Susi: Mama, das ist alles Quatsch. Das sind _____ Bücher.

Selma: „Gott ist in unserem Bauch!" Toll! Ein _____ Buch. Das nehme ich. Was kostet das?

Verkäufer: 23 Mark.

Susi: 23 Mark? Ein _____ Buch!

Selma: Ein _____ Buch. Ich nehme es.

Susi: Immer diese _____ , _____ Bücher! Niemand in der Familie liest sie.

Selma: Ich lese sie. Bin ich niemand?

14 ⚆⚆
Lesetext

Die Aretusa hatte neunzehn mann besatzung, dazu kamen der kapitän und dessen junge frau. Drei dänen waren darunter und einige norweger. Der kapitän war Jonathan Branley aus Hull. Der steuermann der Aretusa war ein Schotte, ein kräftiger mann, der sich Edward Maclinder nannte.

5 Als das schiff vor Gibraltar kam, fuhren die zollbeamten an das schiff heran, um die ladung zu überprüfen. Es war mittag, juli und prächtiges sommerwetter. Die herren vom zoll betraten die Aretusa, aber sie fanden zu ihrem erstaunen keine menschenseele vor. Andrerseits schien alles in bester ordnung, nichts war angerührt, die kasse des kapitäns stimmte, der lagerraum war im besten

10 zustand. Von piraterie konnte keine rede sein. Die drei herren vom zoll standen vor einem rätsel. Sie nahmen die dienstmützen ab und wischten sich den schweiß aus der stirne.

Frischgekochtes essen stand auf den tischen. Mr. Thompson tauchte den zeigefinger ein wenig in die halbvolle suppenterrine: ihr inhalt war noch warm!

15 Die flagge der Aretusa flatterte im wind. Von der besatzung aber, von dem kapitän und dessen frau war keine spur zu entdecken …

Das ist die geschichte der Aretusa, die mitte juni 1868 von Boston abfuhr und über deren besatzung nie mehr etwas gehört wurde.   H.C. ARTMANN

15
Textarbeit

H.C. Artmann schreibt – wie manche moderne Autoren – alle Wörter mit kleinem Anfangsbuchstaben. Bitte finden Sie nun in unserem Text die Wörter, die man normalerweise groß schreibt!

16
Werkstatt

Schlagzeilen in Revolverblättern (billigen Zeitungen) bestehen meist aus zwei oder drei Elementen:

Nomen	Nomen oder Verb	Partizip II oder Adjektiv
ZOLLBEAMTE		RATLOS
SCHIFF	OHNE BESATZUNG	GEFUNDEN

Das Revolverblatt KNALL berichtet über die „Aretusa". Wie heißen die Schlagzeilen? Entwickeln Sie (in kleinen Gruppen?) aus unserer Geschichte möglichst viele Schlagzeilen für das Revolverblatt KNALL!

Kapitel 14

Kernprogramm

1
Suchen
und finden

Ein Pianist ist ein Mann, der Piano spielt.
Ein Flötist
Ein Dirigent
Eine Pianistin
Ein Maler
Ein Sopran
Ein Cembalist
Das Publikum
Ein Bildhauer
Ein Trommler

2
Studie

schriftlich und/oder
mündlich
(in kleinen Gruppen
vorbereiten)

Bitte definieren Sie: Was ist

eine Flötistin
ein Bariton
ein Trompeter
ein Architekt
ein Sprachlehrer
ein Zebra
eine Mondfahrerin
ein Krankenpfleger
eine Bildhauerin
ein Musiklehrer

ein Papagei
eine Dolmetscherin
ein Komponist
ein Gitarrist
ein Elefant
ein Rennfahrer
ein Känguruh
eine Schauspielerin
ein Engel
ein Posaunist

3

Elemente

RELATIVPRONOMEN der die das
= *DEMONSTRATIVUM* der die das

	SINGULAR			PLURAL
	maskulin	feminin	neutrum	
NOMINATIV	der	die	das	die
AKKUSATIV	den			
DATIV	dem	der	dem	denen
GENITIV	dessen	deren	dessen	deren

Der Relativsatz ist ein Rechtsattribut. Er steht rechts von dem Nomen oder Pronomen, das er definiert. Beispiele:

Der Mann, der hier wohnt, ist Architekt.

Der Mann, dem ich die Karte schreibe, ist Architekt.

Der Mann, dessen Sekretärin ich bin, ist Architekt.

Der Mann, auf den ich warte, ist Architekt.

Ausführlichere Hinweise: GRUNDGRAMMATIK DEUTSCH auf den Seiten 116–118

4

Suchen
und finden

Picasso – ein Maler, den man kennen muß.
Mozart

Einstein	Afrika	der Lotos
Salzburg	Goethe	Michelangelo
der Delphin	die Alpen	die Erde

5

Studie

Jeder Kursteilnehmer schreibt zwei bis drei Sätze (mit Relativpronomen) über seinen Nachbarn/seine Nachbarin. Beispiele:

Das ist der Mann, der so gern Bier trinkt.
Das ist das Mädchen, das immer weiße Schuhe trägt.

6 👓
Bitte
sprechen Sie

Gehört dir das Foto?
→ Ja, das ist das Foto, das ich gesucht habe.

Gehört dir der Film?
→ Ja, das ist der Film, den ich gesucht habe.

Gehört Ihnen das Bild?   Gehört dir der Taschenkalender?
Gehören dir die Briefe?   Gehören Ihnen die Papiere?
Gehört euch die Lampe?   Gehört dir der Atlas?

7 👓
Bitte
sprechen Sie

Kennen Sie den Herrn?
→ Ja ja, das ist der, mit dem ich zusammenarbeite.

Kennen Sie die Arbeiter?
→ Ja ja, das sind die, mit denen ich zusammenarbeite.

Kennen Sie die Dame?
Kennen Sie die Studentin?
Kennen Sie den jungen Mann?
Kennen Sie die Herren?
Kennen Sie das Mädchen?
Kennen Sie die Leute?

8
Studie

a   *Ist das der Dichter* _____ , der den Roman geschrieben hat?

b _____ , die du heiraten willst?

c _____ , wo Sie wohnen?

d _____ , vor dem du Angst hast?

e _____ , das wir bestellt haben?

f _____ , wo du das Plakat gekauft hast?

g _____ , in den du verliebt bist?

h _____ , mit denen Sie zusammenarbeiten?

i _____ , wo du studiert hast?

k _____ , der den Nationalpreis bekommen hat?

1

2

3

5

9
Lesetext

Welches Bild paßt?

Bild
Nummer

☐ Die kleine Skulptur, die hier vor dem Wald steht, ist aus Bronze.

☐ Der Bildhauer, der sie geschaffen hat, ist Carsten Lewerentz. Wir sehen ihn hier in seiner Werkstatt in der Nähe von Salzburg.

☐ Lewerentz beschäftigt sich mit interessanten Themen. Eine seiner Arbeiten trägt den Namen „Ewiges Warten". Es ist die Steinskulptur, die den Kopf in die Hand stützt.

☐ Die kleine Figur, an der er gerade arbeitet, ist aus Ton.

☐ Das ist Elisabeth, eine Musikerin, die Carsten schon lange kennt.

☐ Die beiden haben jetzt geheiratet. Sie haben nicht viel Geld, aber das ist ihnen nicht so wichtig. Wir wünschen ihnen viel Glück.

10
Studie

a   Das ist der Bildhauer, _____*der*_____ die Skulptur gemacht hat.

b   Das sind die jungen Leute, _____ letzte Woche geheiratet haben.

c   Das ist das Bild, von _____ ich dir erzählt habe.

d   Das ist der Kalender, _____ wir Ulrike schenken wollen.

e   Ist das die Frau, mit _____ du pausenlos getanzt hast?

f   Das ist die Werkstatt, _____ ich jetzt gemietet habe.

g   Das ist der Maler, _____ Bilder mir so gut gefallen.

h   Du bist der Mann, auf _____ ich seit vielen Jahren warte!

i   Ist das der Künstler, _____ die Werkstatt gehört?

k   Ist das der Millionär, _____ Bilder wir gestohlen haben?

> Kunst muß nicht sein. Darum muß sie gut sein.
> Sonst müßte sie, in der Tat, nicht sein.   Joachim Kaiser
>
> Selig sind die Stunden des Nichtstuns,
> denn in ihnen arbeitet unsere Seele.   Egon Friedell

11
Elemente

RELATIVPRONOMEN   **was wo woher wohin**

Das Fragewort **was** können wir auch als Relativpronomen benutzen. Es deutet dann auf ein Indefinitpronomen (**alles, etwas, viel, wenig** ...):

> **Sie gab mir alles, was sie hatte.**

Die Fragewörter **wo woher wohin** können wir auch als Relativpronomen benutzen:

> **Das ist die Galerie, wo das tolle Plakat hängt.**

12
Studie

a   Dort ist die Werkstatt, ____wo____ ich arbeite.

b   Hier oben ist das Zimmer, _____ ich seit zwei Semestern wohne.

c   Ich verstehe nicht alles, _____ Sie da schreiben.

d   Hier schicke ich Ihnen das Buch, um _____ Sie mich baten.

e   Ist das der Hund, vor _____ du Angst hast?

f   Dort steht der Idiot, _____ mein Bier ausgetrunken hat!

g   Da muß ich etwas versuchen, _____ ich noch nie versucht habe.

h   Jetzt kommt der Direktor, _____ ich hasse.

i   Hier ist der Laden, _____ man billige Platten kriegt.

k   Die Bank, _____ er seine Millionen hatte, ist bankrott.

13 ⊙⊙
Bildgeschichte Y   *MOZART*

1   Das ist Salzburg, wo Mozart 16 Jahre lang lebte, lernte und arbeitete.
2   Der achtjährige Mozart war ein Pianist, den Europa kannte und feierte.
3   Hier das Instrument, auf dem Mozart spielte.
4   Und das ist Wien, wo er seine großen Opern und Sinfonien schrieb.
5   Ein Original-Manuskript.
6   Dies ist ein Bild, das nicht den populären, sondern den ernsten, dunklen Mozart zeigt.
7   Mozarts „Zauberflöte" ist eine philosophische Oper.
8   Eine romantische Aufführung der „Zauberflöte". Die Figur, die vor dem Mond steht, ist die „Königin der Nacht".

1

2

3

4

5

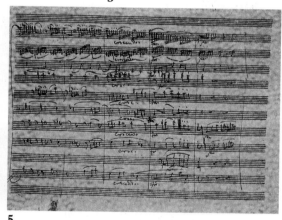

6

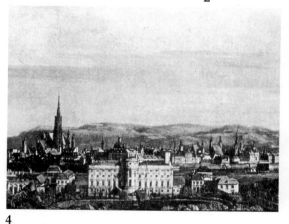

7

8

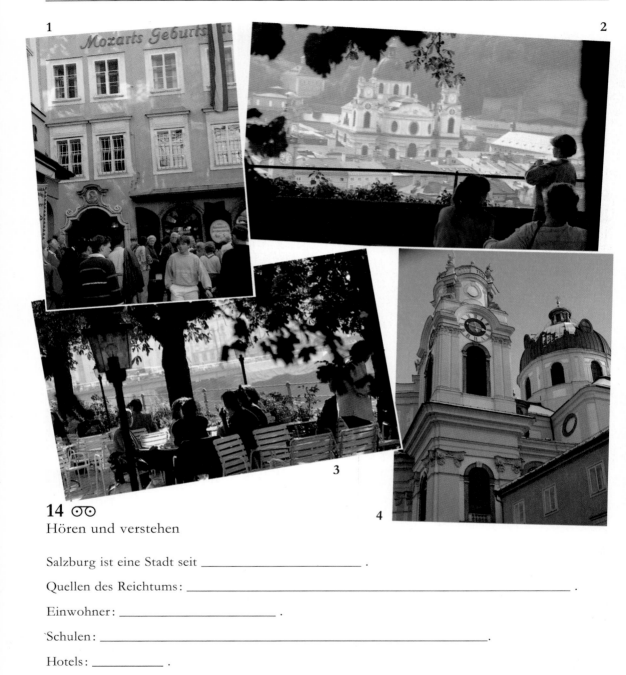

1

2

3

4

14 ⊙⊙
Hören und verstehen

Salzburg ist eine Stadt seit _____ .

Quellen des Reichtums: _____ .

Einwohner: _____ .

Schulen: _____ .

Hotels: _____ .

Salzburg ist österreichisch seit _____ .

2 Blick vom Kapuzinerberg auf Dom (1628)
  und Residenz

3 Café Bazar: Salzachterrasse

4 Universitätskirche. 1707

5 Salzburger Innenhof

6 Mirabellgarten, im französischen Stil. 1730.
  Links das Schloß Mirabell, im Hintergrund
  die Festung Hohensalzburg.

7 Café Bazar

15

Schüttelkasten   Bitte bauen Sie Sätze zu den Bildern. Zum Beispiel:

Am liebsten würde ich im Café Bazar sitzen und Zeitung lesen.
In diesen dunklen Mauern würde ich nicht gern wohnen.

besichtigen   Buch   Hund   unterhalten   einkaufen   rauchen   Kaffee   fotografieren
wohnen   Wein   Torte   Zeitung   Gitarre   Blumen   steigen   spazierengehen
träumen   Campari   Cola   übernachten   gießen   Picknick   studieren   malen

Weitere Materialien zur Auswahl

Papageno
in der Oper „Die Zauberflöte"

Pa-pa-Pa-pa-Pa-pa-geno!

zu finden bey I. B. Klein in Leipzig.

16
Lesetext

eingeführt als Lückendiktat
(Diktattext im Lehrerheft)

Wie alle bedeutenden _____ der Welt erreicht Mozarts „Zauberflöte"

die _____ aller Schichten und aller Kreise.

Jeder darf die „Zauberflöte" auf seine Weise verstehen:

– das Mädchen, das _____ ,

– der Philosoph, für den sich das Leben voller _____ ,

– der junge Mann, der verrückte Pläne _____ ,

– der Alte, der das Leben aus der Distanz _____ ,

– das Kind, das im _____ .

15 Lösungen (1 Wort = 1 Lösung)

17
Suchen
und finden

mündlich oder
schriftlich

Das ist das Museum, wo der Picasso hängt.
Das ist der Laden
Das ist das Hotel
Das ist das Stadion
Das ist die Buchhandlung
Das ist der Schreibtisch

Das ist die Klinik
Das ist der Verlag
Das ist die Kaserne
Das ist der Keller

18
Kontrolle

a   Ist das der Mann, _____ du liebst?

b   Ist das die Straße, _____ du wohnst?

c   Ist das die Dame, _____ Auto du gestohlen hast?

d   Hier ist das Café, _____ ich dir zeigen wollte.

e   Sie ist aus der Firma, _____ sie 28 Jahre lang gearbeitet hat, wegge-
gangen.

f   Alles, _____ man hörte, war ein leises Weinen.

g   Nein, das ist nicht das Bild, für _____ ich mich interessiere.

h   Kennen Sie den Mann, _____ dort am Fenster sitzt?

i   Sind Sie der Mann, _____ der schwarze Hund gehört?

k   Der Laden, _____ ich die Platten gekauft habe, existiert nicht mehr.

10 Lösungen

207

UNREGELMÄSSIGE VERBEN

1	biegen	bog	hat/ist gebogen
	bieten	bot	hat geboten
	fliegen	flog	hat/ist geflogen
	fliehen	floh	ist geflohen
	fließen	floß	ist geflossen
	frieren	fror	hat/ist gefroren
	gießen	goß	hat gegossen
	riechen	roch	hat gerochen
	schieben	schob	hat geschoben
	schießen	schoß	hat geschossen
	schließen	schloß	hat geschlossen
	verlieren	verlor	hat verloren
	wiegen	wog	hat gewogen
	ziehen	zog	hat/ist gezogen
2	binden	band	hat gebunden
	finden	fand	hat gefunden
	gelingen	gelang	ist gelungen
	klingen	klang	hat geklungen
	singen	sang	hat gesungen
	sinken	sank	ist gesunken
	springen	sprang	ist gesprungen
	trinken	trank	hat getrunken
	verschwinden	verschwand	ist verschwunden
	zwingen	zwang	hat gezwungen
3 a	beweisen	bewies	hat bewiesen
	bleiben	blieb	ist geblieben
	leihen	lieh	hat geliehen
	scheiden	schied	hat/ist geschieden
	scheinen	schien	hat geschienen
	schreiben	schrieb	hat geschrieben
	schweigen	schwieg	hat geschwiegen
	steigen	stieg	ist gestiegen
	treiben	trieb	hat/ist getrieben

b	beißen	biß	hat gebissen
	leiden	litt	hat gelitten
	pfeifen	pfiff	hat gepfiffen
	reiten	ritt	hat/ist geritten
	schneiden	schnitt	hat geschnitten
	streiten	stritt	hat gestritten
4 a	bewerben (bewirbt)	bewarb	hat beworben
	brechen (bricht)	brach	hat/ist gebrochen
	empfehlen (empfiehlt)	empfahl	hat empfohlen
	erschrecken (erschrickt)	erschrak	hat/ist erschrocken
	gelten (gilt)	galt	hat gegolten
	helfen (hilft)	half	hat geholfen
	nehmen (nimmt)	nahm	hat genommen
	sprechen (spricht)	sprach	hat gesprochen
	stehlen (stiehlt)	stahl	hat gestohlen
	sterben (stirbt)	starb	ist gestorben
	treffen (trifft)	traf	hat getroffen
	werfen (wirft)	warf	hat geworfen
b	beginnen (beginnt)	begann	hat begonnen
	schwimmen (schwimmt)	schwamm	hat/ist geschwommen
	gewinnen (gewinnt)	gewann	hat gewonnen
c	kommen (kommt)	kam	ist gekommen
d	heben (hebt)	hob	hat gehoben
	schmelzen (schmilzt)	schmolz	hat/ist geschmolzen
5 a	essen (ißt)	aß	hat gegessen
	fressen (frißt)	fraß	hat gefressen
	geben (gibt)	gab	hat gegeben
	geschehen (geschieht)	geschah	ist geschehen
	lesen (liest)	las	hat gelesen
	messen (mißt)	maß	hat gemessen
	sehen (sieht)	sah	hat gesehen
	treten (tritt)	trat	hat/ist getreten
	vergessen (vergißt)	vergaß	hat vergessen

b	bitten (bittet)	bat	hat gebeten
	liegen (liegt)	lag	hat gelegen
	sitzen (sitzt)	saß	hat gesessen
6	backen (bäckt)	buk	hat gebacken
	fahren (fährt)	fuhr	hat/ist gefahren
	laden (lädt)	lud	hat geladen
	schlagen (schlägt)	schlug	hat geschlagen
	tragen (trägt)	trug	hat getragen
	wachsen (wächst)	wuchs	ist gewachsen
	waschen (wäscht)	wusch	hat gewaschen
7 a	braten (brät)	briet	hat gebraten
	fallen (fällt)	fiel	ist gefallen
	fangen (fängt)	fing	hat gefangen
	hängen (hängt)	hing	hat gehangen
	halten (hält)	hielt	hat gehalten
	lassen (läßt)	ließ	hat gelassen
	raten (rät)	riet	hat geraten
	schlafen (schläft)	schlief	hat geschlafen
b	gehen (geht)	ging	ist gegangen
	heißen (heißt)	hieß	hat geheißen
	laufen (läuft)	lief	ist gelaufen
	stoßen (stößt)	stieß	hat/ist gestoßen
8	brennen (brennt)	brannte	hat gebrannt
	bringen (bringt)	brachte	hat gebracht
	denken (denkt)	dachte	hat gedacht
	kennen (kennt)	kannte	hat gekannt
	nennen (nennt)	nannte	hat genannt
	senden (sendet)	sandte	hat gesandt
	stehen (steht)	stand	hat gestanden
	wenden (wendet)	wandte	hat gewandt
9 a	dürfen (darf)	durfte	hat gedurft
	müssen (muß)	mußte	hat gemußt
b	können (kann)	konnte	hat gekonnt
	mögen (mag)	mochte	hat gemocht

10	haben (hat)	hatte	hat gehabt
	rufen (ruft)	rief	hat gerufen
	sein (ist)	war	ist gewesen
	tun (tut)	tat	hat getan
	werden (wird)	wurde	ist geworden
	wissen (weiß)	wußte	hat gewußt

Grammatik-Register

für Sprachkurs Deutsch 1 Neufassung und Sprachkurs Deutsch 2 Neufassung

Dieses Register verweist auf
  Elemente (Grammatische Tafeln)
  Übungen zu grammatischen Problemen (nach Schwerpunkten)
1,12 bedeutet: Sprachkurs Deutsch 1, Kapitel 12
2,4 bedeutet: Sprachkurs Deutsch 2, Kapitel 4

Bildnachweis

Anthony-Verlag, Starnberg: Seite 159. Foto-Agentur argus, Hamburg: 61. The British Museum, London: 203 (2). Cartoon-Caricature-Contor, München: 162. DaD/ap: 146 (4). DaD/Sven Simon: 156. Robert Felber, Augsburg: 39 (1, 2), 42, 43. Jutta Hafner, Prien: 88, 195 (1, 3). Archiv Häussermann: 18 (1, 2, 4), 22, 31, 32 (1–6, 8), 33, 46, 66, 83 (1, 3–5), 113, 121, 122, 132, 134, 145, 150, 151, 177 (2–4), 182, 183, 184, 188, 189, 192, 203 (1, 5). Ulrich Häussermann, Prien: 15, 27, 36, 39 (3), 50/51, 58, 60, 68 (1–2, 4–6, 8), 74, 75, 102 (3–7), 106, 107, 116 (7), 138, 168, 172, 173, 194, 195 (2), 200, 203 (3), 204, 205. Foto Heinz Held: 62 (3). Historisches Museum Basel: 48. B.P.M.M. Hoogeweegen: 177 (1). Franz Hubmann, Wien: 137. Inter Nationes, Bonn: 10, 11, 62 (2, 4), 146 (3). intervox Bild, München: 97 (3). Photo JPM, Stuttgart: 97 (2). Keystone Pressedienst, Hamburg: 104, 105 (1, 2). Jaschi Klein: 146 (2). Gerhard Koller, Erlangen: 29. Kunsthistorisches Museum Wien: 203 (4). Landesbildstelle Berlin: 146 (1, 5). Erich Lessing: 32 (7). Erich Ludwig, Lohhof: 86, 87. Inge Ruth Marcus, Mexiko: 83 (2). MD-Archiv: 94. Mozart-Museum Salzburg: 203 (6). Museum für Geschichte der Stadt Leipzig: 206 (2). Uwe Muuß, Altenholz: 102 (1, 2, 8). Nationalmuseum Prag: 203 (7). Hilmar Pabel, Prien: 18 (3). Volker Prechtel: 68 (3, 7), 116 (2, 4, 6, 8). Rudolf Scheidt, Duisburg: 62 (1). Siemens Werkfoto: 97 (1). Stadtarchiv Augsburg: 206 (1). Gerd v. Stokar, Dachau: 116 (3, 5). Ulrike v. Stokar, Mainz: 8, 116 (1). Süddeutscher Verlag Bilderdienst, München: 44, 54. Theatermuseum München: 203 (8). WDR/Dieter Klar: 20. WDR: 109, 166. J. Zwick, Gießen: 103.

Textnachweis

S. 48 „Das Mittagessen im Hof", gekürzt aus: Johann Peter Hebel: Kalendergeschichten (ausgew. von L. Wittmann). Frankfurt a. M.: Diesterweg 1968, S. 51.

S. 95 „Rat an die Schauspielerin C.N." aus: Bertolt Brecht: Gesammelte Werke, werkausgabe edition suhrkamp. Band 8, S. 331.

S. 142 Heinrich Zimmer: Weisheit Indiens. Darmstadt 1941, S. 20.

S. 144 Horst Speichert: „Eine Umwelt zum Lernen", Auszug aus: Initiativgruppe Solingen: Schule ohne Klassenschranken (rororo-Sachbuch 6724). Reinbek b. Hamburg: Rowohlt Taschenbuch Verlag 1972, S. 45.

S. 160 Stuttgart: Dt. Sparkassenverlag 1987.

S. 164 Grete Weil: Generationen. Frankfurt: Fischer Taschenbuch Verlag 1985. S. 82/8 Rechte: Benziger Verlag

S. 196 H.C. Artmann: Die Anfangsbuchstaben der Flagge. München: Residenz-Verlag 1970, S. 9–11.

Hier werden nur die Texte aufgeführt, die nicht an Ort und Stelle bereits nachgewiesen wurden.